José I. Arocha

LOS PRINCIPIOS DE SICAMOR

Para tu crecimiento personal

A mi esposa Sonely... Con infinito amor. Estarás, para siempre y por siempre, en mi corazón. Dios te bendiga.

Autopublicado en diciembre 2019
Foto de las cubiertas: José I. Arocha, Iglesia La Sagrada Familia, Singapur
Ilustraciones: José I. Arocha
ISBN: 978-981-14-3304-7 (Impreso – Tapa Blanda)
ISBN: 978-981-14-3305-4 (Digital)

NOTA DEL AUTOR

Todos queremos alcanzar metas en la vida... académicas, profesionales, personales, sociales, etc. Estas metas pueden ser establecidas durante nuestra juventud o incluso posteriormente, y las establecemos porque queremos sentir que tenemos un propósito en la vida, y cumplir con objetivos y metas ayudará.

Nuestras metas pueden ser grandes o pequeñas. No importa, porque, independientemente, alcanzar esas metas nos permite impactar positivamente nuestras vidas o las de los demás. Cualquiera que sea el impacto positivo, sentimos que hemos crecido en sabiduría y experiencia, y eso nos hace sentir bien con nosotros mismos al haber producido frutos. Tales metas pueden ser a escala personal, como obtener un diploma universitario o casarse y tener hijos, quienes podrían continuar con nuestro legado. O podrían ser a escala social, como convertirse en médico, propietario de un negocio exitoso, músico o escritor. Cualquiera que sean los caminos de la vida que tomemos, todos tenemos metas y todos tenemos la capacidad de cumplirlas; pero debemos prepararnos.

Debemos prepararnos porque durante nuestra jornada de crecimiento habrá distracciones, tentaciones y tribulaciones que podrán retrasar, si no desviar, el camino que nos llevaría a alcanzar nuestras metas. O peor aún, podrían dirigirnos a un camino de perdición. De hecho, estamos todos expuestos a la "influencia del mundo" que nos ofrece indulgencias y nos incita a probar todo tipo de experiencias, y alguien aparecerá diciéndonos que el juego es "oportunidad", que fumar es "relajante" y que el sexo promiscuo es "libertad". Algunos incluso caen en eso para "tratar" sus penas, tristezas, frustraciones, enojos y cosas por el estilo.

Pero aun teniendo un mínimo de sabiduría que nos permita diferenciar entre el bien y el mal, el avance implacable de la tecnología, capacitándonos a la obtención de información masiva, a formas de comunicarnos a casi la velocidad de la luz, y a atender simultáneamente muchos aspectos de nuestra vida, nos hará ocuparnos en más cosas de las que podemos manejar, y eso nos impedirá tomar decisiones sabias y oportunas; todo lo cual nos hará pasar por más aflicciones y tribulaciones de lo que esperaríamos o desearíamos.

Debemos prepararnos porque todos pasaremos por aflicciones y tribulaciones en nuestra vida, y no tendremos la opción de detener o escapar de muchas de ellas. Es parte de la vida. Sin embargo, podemos reducirlas al llenar nuestra vida de bendiciones que nos produzcan paz, serenidad y alegría, lo que, en consecuencia, dejará menos tiempo para acumular maldiciones y que solo producen miseria. Se hace necesario, entonces, prepararnos. La intención de este manual es reforzar algunos principios de la vida necesarios para nuestro crecimiento personal que nos ayuden a tener una vida fructífera repleta de la mayor cantidad posible de bendiciones.

CONTENIDO

"Cuando te sucedan todas esas cosas acerca de la bendición o la maldición que te he propuesto, te acordaras de ellas en medio de las naciones donde Yavé, tu Dios, te haya arrojado".

Deuteronomio 30:1-3

INTRODUCCIÓN

"Árbol que crece torcido
nunca su tronco endereza
que se hace naturaleza
el vicio con que ha crecido".

Es probable que todos nosotros hayamos recibido mucho amor, consejo, modelo y educación de parte de nuestros padres y maestros durante nuestra infancia y adolescencia; y quizás aún es así. Y si es así, ¿por qué muchos de nosotros todavía sufrimos? Ciertamente, ese sufrimiento puede que no sea permanente, pero seguro lo tendremos durante algunos períodos a lo largo de nuestro crecimiento personal.

Podemos superar todos los obstáculos que encontremos en el camino, si tenemos las fortalezas y la preparación necesarias. Pero no podemos hacerlo solos. La realidad es que dependiendo solo de nosotros mismos no llegaremos demasiado lejos; dependiendo solo de nuestras fortalezas no lograremos nada. Necesitamos ayuda celestial y terrenal; además de conocimiento y sabiduría.

Cuando fallamos en algo para lo cual pensamos que estábamos preparados, nos damos cuenta de que todavía somos débiles y que necesitamos continuar aprendiendo. Efectivamente, podremos tener las fortalezas necesarias para enfrentar cualquier situación en la vida, si conocemos nuestras debilidades. Pero, con conocimiento y sabiduría, los errores y fracasos no nos desmoralizarán y, a la vez, nos permitirá seguir adelante. Dios nos presentará innumerables oportunidades para obtener todo lo que necesitamos.

> "El Señor es mi pastor, nada me puede faltar. Él
> me hace descansar en verdes praderas, me
> conduce a aguas tranquilas y repara mis
> fuerzas; me guía por el recto sendero, por amor
> de su Nombre".
> *Salmo 23:1-3*

También Dios nos dio libre albedrío para decidir si aprovechamos las oportunidades o no. Y cada oportunidad también presentará desafíos, pero eso tampoco debería desmoralizarnos. Aprovechar esas oportunidades nos traerá frutos, y no solo para nosotros mismos pues somos parte de una familia, una sociedad, un país y un planeta, y todos podemos beneficiarnos de esos frutos que producimos cuando nos comportamos correctamente.

Es cierto que todos somos únicos, cada uno de nosotros con pensamientos, sentimientos y comportamientos propios, moldeados no solo por la genética, sino también por los aprendizajes que acompañan las circunstancias en las que crecemos, las relaciones que nos rodean y las experiencias por las que pasamos. Pero, independientemente, con conocimiento y sabiduría, no nos desviaremos del camino correcto, el que está iluminado y que nos lleva a vivir una vida que dará frutos.

Usemos bien nuestro libre albedrío. La elección entre la vida y la muerte es nuestra, y debemos elegir correctamente.

"Porque el salario del pecado es la muerte, mientras que el don gratuito de Dios es la vida eterna, en Cristo Jesús, nuestro Señor".

Romanos 6:23

MUERTE
VIDA

NUESTROS RETOS DE HOY

Cada vez que conocemos a alguien personalmente, nos da la oportunidad de aprender algo de él o de ella, y también la oportunidad de que esta persona aprenda algo de nosotros. En cada aprendizaje, damos un paso adelante en nuestra jornada de crecimiento con la intención de que nos conduzca a una vida llena de bendiciones. Por lo tanto, necesitamos ese contacto y ese encuentro humano y personal entre nosotros. Sin embargo, lamentablemente, sucede cada vez menos y menos. ¿Por qué? Porque parece que ya no es necesario. Todo ha sido hecho conveniente para nosotros; tan conveniente que podemos hacer muchas cosas sin salir de casa.

Estudiar y trabajar desde la casa se promueve cada vez más. La tarea escolar se hace en la computadora, por lo que los estudiantes ya no necesitan cuadernos ni lapiceros, manteniendo así su mochila escolar liviana. Trabajando desde la casa, las empresas ahorran en espacio de alquiler, aire acondicionado y subsidios de transporte.

Comer en casa sin cocinar, con oportunidad de probar una gran variedad de platos y pagar precios que se acomodan a cualquier presupuesto, se está convirtiendo cada vez más en una forma de vida. Y mientras lo hacemos, nos sentamos cómodamente en nuestro sofá para ver una película de gran éxito en un televisor de 65 pulgadas extremadamente nítido; incluyendo, además, consolas de juegos que pueden ser anexados. Atrás quedaron aquellos tiempos en los que jugábamos en la parte trasera de nuestras casas con amigos reales; y muchas veces en la plaza del pueblo o en las calles. Hoy en día podemos jugar al fútbol sin mover los pies.

Si necesitamos consultar a un médico, un abogado, un experto en cualquier materia, o simplemente obtener información o asesoramiento sobre cualquier tema que podamos imaginar, lo hacemos mediante un par de movimientos de nuestros dedos en un teclado de computadora. No hay necesidad de salir; Google lo sabe todo. Sin ningún esfuerzo, podemos hablar y ver a nuestros amigos, durante horas al día y como lo deseemos, cada uno de nosotros sentado o acostado cómodamente en un sofá en nuestras propias casas.

Nos han puesto la vida muy fácil y conveniente, y a millones de personas les gusta. Realmente suena muy bien, pero mejor sonaría si no fuera por las noticias falsas, información engañosa, mensajes ambiguos, datos inexactos y misivas fraudulentas que recibimos constantemente a través de Internet y otras vías. Todo eso tan falso, que incluso las imágenes de las personas que reclaman la responsabilidad de muchos de esos "mensajes" también podrían ser falsas... imágenes o fotos de personas que no existen y que nunca existieron. Ya no suena tan bien, ¿no es así?

Facebook, Twitter, WhatsApp y otras plataformas nos hacen pensar que tenemos "amigos". Pero realmente no podemos conocer a nadie a través de una pantalla. Es un riesgo enorme y podemos terminar escuchando a personas que pueden estar haciendo algo que va totalmente en contra de nuestros valores y creencias.

Los tiempos también cambian rápidamente. La infancia de nuestros abuelos no fue tan diferente de la que tuvieron nuestros bisabuelos. Y quizás, la infancia de nuestros padres, en comparación con la de nuestros abuelos, tampoco fue muy diferente. Pero definitivamente no podemos decir lo mismo sobre nuestra propia infancia en comparación con la de nuestros padres. Los tremendos avances tecnológicos, sociales y culturales, ocurridos especialmente durante los últimos 30 años, han creado una brecha generacional tan grande que, en algunos casos, es insuperable.

Cuanto mayor es la brecha generacional, más difícil es que los padres entiendan a sus hijos, y viceversa. Los niños ya no hablan con sus padres, mucho menos escucharán sus consejos; prefieren escuchar a sus amigos y compañeros... y creer en lo que aparece en Internet. Por otro lado, los padres se dan cuenta de que saben menos cada vez, mientras que sus hijos adolescentes piensan que lo saben todo. Muchos padres tienen dificultad en hacer frente a estos tiempos modernos, pensando que "cualquier tiempo pasado fue mejor", mientras que sus hijos piensan que están viviendo los mejores tiempos.

Por último, pero no menos importante, vivimos en una guerra constante contra el mal. Abundan por doquier las tentaciones y las maldiciones, lo que hace más difícil blindarnos con un escudo de bendiciones que nos proteja. El diablo anda suelto allí afuera, seduciéndonos para caer en la tentación.

"Sean sobrios y estén vigilantes, porque su
enemigo, el diablo, ronda como león rugiente
buscando a quién devorar".
1 Pedro 5:8

Nuestra integridad se ve comprometida a diario. Necesitamos crecer fuertes y bendecidos para que podamos caminar sanos y salvos a lo largo de nuestra jornada y poder vivir una vida fructífera.

PRINCIPIOS PARA EL CRECIMIENTO PERSONAL

Jesús nos dijo que cargáramos nuestra cruz y que lo siguiéramos. No dijo que lo hiciéramos por un rato, un día o un mes. Lo dijo de por vida. Así es. Y, para muchos, llevará un tiempo darse cuenta de que todos llevamos una cruz, y que la llevaremos de por vida; es decir, hasta la muerte. Y mientras la llevamos, nos caeremos, seguramente más de tres veces. Pero esas caídas no deberían retrasarnos mucho en nuestra jornada. Sin embargo, el objetivo debe ser el evitar caernos.

Nuestras cruces son todas diferentes, en tamaño, en peso, en tipo, y no se mantendrán igual durante toda nuestra vida. Lo más probable es que nuestras cruces se vuelvan más pesadas con el paso del tiempo, que es igual que decir: con el paso de la vida. Y pueden volverse más pesadas debido a todas las preocupaciones, sufrimientos, decepciones, adicciones, penas, retrocesos... es decir, todas las tribulaciones que, con seguridad, encontraremos durante nuestro crecimiento personal. Pues bien, estas tribulaciones se acumularán y encadenarán a nuestras cruces.

Si crees que solo las personas con limitaciones, ya sean físicas, mentales o emocionales, son las que llevan una gran cruz, piensa de nuevo. Todos nos enfermaremos; todos estaremos desconsolados en ocasiones. Todos fallaremos en alguna tarea, prueba o proyecto; y hasta podemos ir a la bancarrota. Lastimaremos y haremos sufrir a alguien; y nos sentiremos avergonzados alguna vez. Sufriremos injusticias... y así muchas otras tribulaciones.

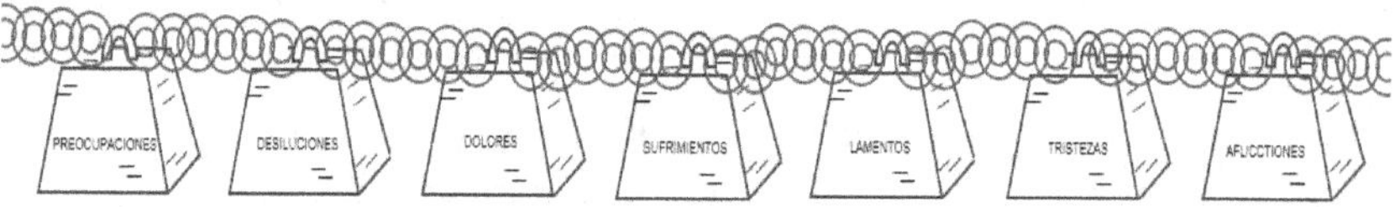

Ciertamente, muchos de esos eventos cambiarán nuestra vida, y algunos lo harán de manera permanente y/o dramática. Independientemente de que cambien la vida o no, esos eventos solo seguirán agregando peso a nuestras cruces, y cuando comiencen a encadenarse, nuestras cruces pueden convertirse en una carga muy pesada de llevar; tan pesada que tal vez no podamos avanzar, o al menos no a la velocidad y dirección necesarias. Y no podemos escapar... Es parte de la vida.

Pero la buena noticia es que hay tres cosas que podemos hacer. Podemos mantener nuestra cruz lo más ligera posible; podríamos fortalecernos para llevarla más fácilmente; o ambas.

Manteniendo las tribulaciones a raya

No hay nada que podamos hacer para evitar sufrimientos durante nuestras vidas. Muchas tribulaciones suceden más allá de nuestro control. Podemos ver a nuestros padres, hermanos o amigos cercanos fallecer. Alguien puede lastimarnos, voluntaria o involuntariamente. Tragedias y desastres naturales pueden ocurrir y que pueden afectar a alguien que amamos, e incluso a nosotros mismos. El mundo pudiera atravesar una grave recesión económica que obligue a empresas a "reestructurarse", con la consiguiente pérdida de empleos. O pudiéramos ser engañados por alguien. Entonces, siempre habrá alguna tribulación que no se pueda controlar.

Por otro lado, también hay muchas otras situaciones en la vida que sí podríamos controlar, al menos hasta cierto punto. Una forma fácil de ilustrar esta afirmación tiene que ver con nuestra salud. Estaremos evitando que aparezcan tribulaciones durante nuestros "años dorados" si comemos saludablemente y si evitamos hacer actividades peligrosas; o si dormimos lo suficiente y hacemos ejercicio de forma rutinaria. Así, muchas situaciones potencialmente negativas, como enfermedades, pueden controlarse si nos comportamos de manera correcta y consciente.

De hecho, son los comportamientos incorrectos los que pueden causar muchas de las tribulaciones, que, conscientemente para nosotros o no, se encadenarán a nuestra cruz. Pero no pensemos que estas tribulaciones se encadenarán solo a nuestra cruz individual, porque no es así; afectará también a muchos de quienes nos rodean. Tomando el ejemplo anterior, si no cuidamos nuestra salud y eventualmente nos enfermamos, nuestros padres, hermanos y amigos estarán también afectados. Además, se consumirán recursos hospitalarios y médicos que son, en muchos casos, públicos y que son mantenidos por muchas personas, quienes ni siquiera conocemos, a través de impuestos. Y se puede inferir una lógica similar cuando lastimamos a alguien físicamente, o si caemos en corrupción o si vamos a prisión, solo por mencionar algunas otras situaciones difíciles que nos traerán tribulaciones de muchos tipos.

Y luego, hay otras tribulaciones que a veces no son tan claras de detectar por las personas que nos rodean. Por ejemplo, nuestro corazón puede estar adolorido por algo que dijimos o no dijimos; o algo que hicimos o no hicimos. O tal vez por algo que alguien más hizo o no nos hizo, nos dijo o no nos dijo. Ciertamente, siempre habrá tribulaciones... Peso que cargar.

En el Paraíso de Adán y Eva no había tribulaciones hasta que pecaron. Ahora, todos tenemos que vivir con todo eso que desencadenó el pecado original. Pero Dios todavía nos dio inteligencia y conciencia, junto con el libre albedrío, para aprender y tomar decisiones que reduzcan algunos de los sufrimientos, decepciones, penas y muchas otras aflicciones.

Manteniendo nuestra cruz liviana

Primero, debemos entender que nuestros comportamientos son producto de nuestras actitudes ante situaciones de la vida. Y nuestras actitudes son impulsadas por nuestros deseos, los cuales son generados por nuestros sentimientos, y que a su vez nacen de nuestros pensamientos. Hay muchos expertos en psicología y comportamiento cognitivo que pueden hablar con más propiedad sobre este tema, pero el punto a destacar aquí es que todos esos pensamientos, sentimientos, deseos, actitudes y conductas pueden ser impulsados por poderes sobrenaturales que derramarán bendiciones sobre nosotros; pero que pudieran también derramar maldiciones.

Hay una gran diferencia entre una bendición y una maldición. Una fundamental. Cuando alguien nos bendice, se hace un canal directo con Dios para recibir sus bendiciones. Todo es bondad. Cuando alguien nos maldice, el diablo está detrás; con él, todo es maldad. El diablo quiere que carguemos una cruz muy pesada, que nos impida movernos y crecer, y consecuentemente evitar acercarnos a Dios. Y tengamos siempre presente que el diablo y sus demonios nos estarán acosando durante toda nuestra vida.

La otra gran diferencia es que las bendiciones reducen el peso de nuestra cruz, mientras que las maldiciones la aumentan. Todo eso como consecuencia de agregar o disminuir tribulaciones.

A más bendiciones, menos tribulaciones; y con menos tribulaciones, una cruz más ligera. Y con una cruz ligera para llevar, nuestra jornada de crecimiento será más pacífica, gratificante y fructífera. Tener una vida fructífera debe ser una meta de nuestras vidas.

"Los bendijo Dios, diciendo: «Crezcan, multiplíquense y llenen las aguas del mar, y multiplíquense asimismo las aves sobre la tierra".
Génesis 1:22

Bendiciones

Estamos aquí para ser bendecidos. Cuando somos bendecidos, derramamos los frutos de la bondad a toda la humanidad, guiándonos a una vida fructífera, impactando positivamente a todos y todo lo que nos rodea. Pero lo más importante, la persona bendecida es la que obedece y sigue a Dios, y rechaza toda tentación y maldad del diablo.

"Feliz el hombre que no sigue el consejo de los malvados, ni se detiene en el camino de los pecadores, ni se sienta en la reunión de los impíos, ¡sino que complace en la ley del Señor y la medita de día y de noche! Él es como el árbol plantado al borde de las aguas, que produce fruto a su debido tiempo, y cuyas hojas no se marchitan: todo lo que haga le saldrá bien".
Salmo 1:1-3

Las bendiciones no son solo las virtudes, los buenos modales, los actos de caridad y todo lo que somos capaces de dar siguiendo las enseñanzas de Dios, sino también los dones y regalos dados por Él: familia, niños, nuestro hogar, un trabajo, un país pacífico; y que debemos recibir en inmensa gratitud. Pero para recibir, hay que dar.

> "Uno da generosamente y acrecienta su haber,
> otro ahorra más de la cuenta y acaba en la
> indigencia. El hombre generoso prosperará, y al
> que da de beber le saciarán la sed".
> *Proverbios 11:24-25*

Maldiciones

No estamos aquí para ser maldecidos. Sin embargo, la vida podría estar llena de tentaciones, malas influencias y deseos oscuros que nos harán comportarnos de tal manera que nos sentiremos horribles e indignos; y eso puede ser lo mínimo.

Una maldición nos impedirá crecer espiritual, mental e incluso físicamente. Todo lo que hacemos puede fallar si nuestro comportamiento es incorrecto, errático, y sin rumbo.

Las maldiciones no son solo vicios, como los relacionados con las drogas, el alcohol o el juego. Las maldiciones son también esos sentimientos mal intencionados, como la envidia, la venganza, la traición y la falta de perdón. Hay maldiciones que también nos paralizan, como el orgullo, el pesimismo, el negativismo, el conformismo y la sordidez.

> "Todas estas maldiciones caerán sobre ti, te
> perseguirán y oprimirán hasta que hayas sido
> eliminado, porque no escuchaste la voz de Yavé, tu
> Dios, ni guardaste sus mandamientos ni las
> normas que te ordenó".
> *Deuteronomio 28:45*

La persona que está maldita tendrá una vida llena de tribulaciones, que finalmente pueden destruirla.

Fortaleciéndonos

Nuestros pensamientos, sentimientos, deseos, actitudes y comportamientos pueden, entonces, ser impulsados por bendiciones o maldiciones. La clave es saber cuáles son las unas y las otras. En la mayoría de los casos, podemos identificar ambas en el mismo nivel o plano, lo que significa que al elegir una, la otra se excluye automáticamente.

Por ejemplo, si elegimos perdonar, que es una bendición, no permitiremos que aparezca la condenación, que es una maldición. Si elegimos humildad, no florecerá la arrogancia. Entonces, al elegir una bendición, no habrá lugar para la maldición.

Al cultivar y llenar nuestra vida de bendiciones, no solo mantendremos nuestras cruces ligeras, sino que también nos hacemos más fuertes para enfrentar las dificultades y tribulaciones que vengan en el futuro, sin importar cuán grandes o severas ellas puedan ser. Pero llenar nuestra vida de maldiciones solo puede traernos infelicidad, conflictos, luchas, soledad, prisión, odio, indiferencia o algo peor: una vida vacía, seca e infructuosa. Y alguien que esté pasando por eso tendrá una integridad muy vulnerable, casi imposible de preservar.

Integridad

La integridad significa que nuestros pensamientos, sentimientos, deseos, actitudes y comportamientos están todos sincronizados y alineados; es decir, que nos comportamos de la manera en que pensamos; que practicamos lo que predicamos. Este es solo un lado de la moneda. El otro, la integridad requiere también que nos comportemos de acuerdo a valores sólidos e indoblegables, y ejerciendo de manera consistente, serena y continua las bendiciones recibidas.

Las ideas que se desarrollan a continuación son para guiarnos y orientarnos hacia una vida de bendiciones cada vez más virtuosa, y para una jornada de crecimiento personal que nos brinde felicidad, paz, éxito, prosperidad, libertad y amor... además de otros muchos logros y frutos que podremos producir a lo largo de nuestro desarrollo.

En los próximos capítulos discutiremos esas ideas, resumidas en 10 principios que nos ayudarán a que nuestro desarrollo y crecimiento personal sea escaso de tribulaciones.

Los diez principios para el crecimiento personal:

1. El crecimiento comienza dentro de ti
2. Identifica tus valores.
3. No dejes que paradigmas dobleguen tus valores
4. Oye consejo
5. Más vale prevenir que lamentar
6. Compárate con los mejores
7. Enfócate en la meta
8. ¡Actúa ya!
9. Impacta positivamente a los demás.
10. Revísate constantemente

PRIMER PRINCIPIO

EL CRECIMIENTO COMIENZA DENTRO DE TI

"Por qué miras la paja que hay en el ojo de tu hermano y no ves la viga que está en el tuyo?"
Lucas 6:41

Fácilmente culpamos y juzgamos a los demás de cualquier cosa, y cuando juzgamos a alguien, lo hacemos en función de nuestras propias creencias, circunstancias, experiencias y conocimiento. Vemos en otros un reflejo de nuestros propios pensamientos, sentimientos, deseos, actitudes y comportamientos. Y si tomamos en cuenta eso, entonces debemos primero mirarnos a nosotros mismos y abrir nuestras mentes y corazones. A partir de ahí, comienza nuestro crecimiento, listos para recibir bendiciones.

El individuo

Llegamos a este mundo puros, a imagen y semejanza de Dios, con solo el pecado original. Comenzamos a aprender desde el primer momento en que nos alimentamos. Nuestro aprendizaje se vuelve continuo e imparable.

Todos los días aprendemos algo, especialmente en esta era donde la información es muy rápida y profusa, que se hace fácilmente disponible con un pequeño movimiento de nuestros dedos sobre los teclados. La tecnología moderna nos expone a todo tipo de influencia que, eventualmente, impactará el tipo de vida que estamos viviendo y la que viviremos más adelante. Pero, aun así, dependerá de nosotros recibir bendiciones o maldiciones.

> "Cuando te sucedan todas esas cosas acerca de la
> bendición o la maldición que te he propuesto, te
> acordarás de ellas en medio de las naciones donde
> Yavé, tu Dios, te haya arrojado".
> *Deuteronomio 30:1*

No somos ermitaños, al menos la mayoría de nosotros no lo somos, por lo que debemos tener en cuenta que no estamos solos y que debemos reconocer la presencia, casi permanente, de otras personas a nuestro alrededor, en nuestras familias, nuestra escuela o lugar de trabajo, en las calles. Todas esas personas ocupan círculos imaginarios que giran alrededor de nosotros mismos. Círculos que podrían representar los diferentes niveles en los que vivimos e interactuamos, que tienen su propio conjunto de características, demandas, ofrendas e influencia, y que finalmente impactan nuestra propia vida, a la sociedad en que vivimos y hasta al planeta.

La familia

El primer círculo que nos rodea es, o debería ser, nuestra familia. Lo componen nuestros padres, hermanos y parientes. Ellos llenarán nuestros primeros años de nuestra vida con amor y cuidado. Nosotros, a cambio, seguiremos sus enseñanzas y modelos, adoptaremos sus hábitos y creeremos en sus creencias. De hecho, la familia es la parte más importante de nuestra "humanidad" durante esos primeros años. Es dentro de la familia donde se nos inculcan los primeros valores... los valores familiares. Y nosotros, cuando niños, tal vez ni siquiera nos dimos cuenta de lo que estábamos obteniendo en ese momento; pero hoy puede ser un buen día para recordar...

La escuela, el trabajo

Más tarde, unos años después, nos encontramos en la escuela o haciendo algún tipo de ocupación. Es el tiempo en que salimos de casa y comenzamos a pasar la mayor parte del tiempo afuera. Comenzamos entonces a escuchar a maestros, instructores, mentores, entrenadores, tutores. Cada uno de ellos ansioso por proporcionarnos abundante información.

Para algunos, esto puede ser un poco aterrador, considerando que todavía somos muy vulnerables. Sin embargo, debemos aprovechar cada oportunidad para obtener la instrucción que brinda la escuela y, posteriormente, el trabajo que realicemos, además de las personas con las que tratemos. Todo esto, mientras desarrollamos otros valores.

"El que desprecia la sabiduría y la enseñanza es un desdichado: ¡vana su esperanza, inútiles sus esfuerzos, infructuosas sus obras! ¡Sus mujeres son insensatas, sus hijos perversos y su descendencia maldita!"
Sabiduría 3:11-12

Los círculos sociales

Creciendo a un ritmo significativo, y en paralelo a la escuela o trabajo para muchos, están los círculos sociales en los que interactuaremos. Atrás quedarán los días en que los padres conocían a todos los amigos de sus hijos, y a sus padres, y sus direcciones de vivienda.

Hoy en día, estos círculos sociales son catapultados por Internet y las redes sociales asociadas, llenos de "amigos" virtuales. Es ahora cuando realmente se vuelve importante que estemos atentos y alertas para permanecer en el camino correcto. La influencia de todo tipo de maldad que pulula alrededor se vuelve más fuerte y más frecuente, agresiva y relevante. La exposición a la pornografía, la violencia, el racismo, las ideas antinaturales, etc. es un maléfico ataque a nuestra integridad, sin darnos cuenta de que el diablo y sus demonios están detrás de todo eso. No hay peor enemigo que el que no conocemos y el que no vemos. Indudablemente, para luchar y ganar la guerra contra el mal necesitamos conocer al enemigo; y solo podemos luchar contra él con bendiciones.

El país

Otra fuente importante de influencia en nosotros es la sociedad o el país donde vivimos. La sociedad tiene una gran cantidad de políticas y reglas que son necesarias para la armonía, la seguridad, el progreso y el bienestar de sus miembros. Necesitamos el estado de derecho para vivir en una sociedad justa y estable. Por supuesto, el obedecer las reglas o no afectará nuestro comportamiento, lo que a su vez traerá bendiciones... o maldiciones, según.

El planeta

Y finalmente está nuestro planeta. Nos encanta pasar un día en una playa limpia o disfrutar de un paseo por el bosque y respirar aire puro. Pero hasta ahí llega el alcance de la atención hacia nuestro planeta para muchos. Comprensiblemente, no queremos agregar una preocupación u ocupación más a nuestras vidas. Agotamiento de la capa de ozono, plástico en los océanos, deforestación de la selva amazónica... ¿A quién le importa? Pues bien, nos debería importar; y mucho.

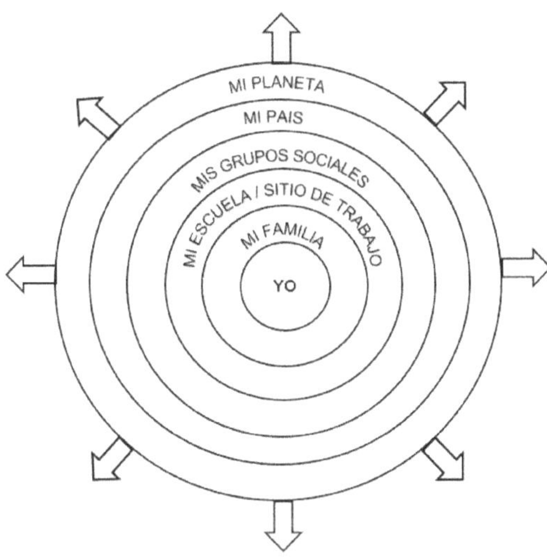

El crecimiento comienza dentro de nosotros mismos

Desde temprana edad, somos como una esponja absorbente y, como cualquier esponja, podemos absorber agua limpia y pura, pero también vinagre. Cuando llegamos a la edad adulta y somos más maduros, la influencia de otras personas sería menos significativa, porque para entonces ya deberíamos haber acumulado bendiciones, sembradas en lo profundo de nuestros corazones y nuestras mentes. Si es así, entonces a lo largo de nuestro crecimiento personal estaremos procesando todo lo que escuchamos, lo que vemos, y lo que aprendemos de una manera virtuosa y así ser más sabios y poder discernir correctamente.

El crecimiento personal comienza dentro de nosotros. Lo que permitimos que entre en nuestros cuerpos y mentes es lo que retribuiremos a los demás y a la sociedad, incluyendo al planeta. Por lo tanto, debemos ser responsables de acumular bendiciones. Eventualmente, podremos también convertirnos en maestros, en modelos, y en proveedores de esas bendiciones, lo cual es una bendición en sí mismo. Pero primero necesitamos abrirnos; desarrollar nuestros valores; pedir y oír consejos; y obtener conocimiento y sabiduría. El crecimiento debe comenzar dentro de nosotros mismos. Nuestro propósito en la vida es hacer cosas maravillosas.

SEGUNDO PRINCIPIO

IDENTIFICA TUS VALORES

Todas las bendiciones en las que podamos pensar: humildad, familia, generosidad, obediencia, lealtad, riqueza, buen trabajo, responsabilidad, etc., solo crecerán y florecerán con rectitud si poseemos un conjunto sólido de valores. Estos valores siempre deben expresarse abiertamente, y permitirles que guíen nuestros pensamientos, sentimientos, deseos, actitudes y comportamientos.

Cada uno de nosotros valora algo. De hecho, valoramos muchas cosas, pero muchas veces no estamos muy conscientes de cuáles son esas que valoramos. Para estarlo, simplemente pregúntate a ti mismo:

"¿Qué valoro más?"

Identifícalo y lo que sea que valoras, lo que sea que te importa, abrirá la puerta a las bendiciones porque comenzarás a luchar por eso que valoras. Al conocer tus valores, puedes comenzar firmemente tu jornada de crecimiento personal en la dirección correcta.

Valores fundamentales y pivotes

Primero reconozcamos cuales son nuestros valores fundamentales. Esos son los básicos y centrales. Estos deben estar íntimamente relacionados con nosotros mismos como seres humanos, con la familia, con la escuela, con el trabajo, con la vida social, con el país y con el planeta; es decir, con los círculos en los que interactuamos. Y también tenemos valores dentro de cada uno de esos círculos que son valores más específicos y que le dan soporte a los valores fundamentales. Estos son los valores "pivote", que también debemos identificar.

Los valores, ya sean fundamentales o pivote, van siendo inculcados durante nuestra infancia y durante todo nuestro crecimiento. Serán influenciados y desarrollados por la información recibida de muchas fuentes, que incluyen nuestros padres, amigos y maestros, pero también extraños e ignorantes, a veces motivados por la maldad. Diferentes medios pueden ser usados: conversaciones directas o indirectas, el periódico diario, revistas, y libros; y también la radio, la televisión y, quizás en mayor grado, el internet. Todo esto a diferentes velocidades y tiempos.

Mucha de esa información penetrará nuestras mentes y nuestras almas, a veces tan profundamente que viviremos con ella por el resto de nuestras vidas, consolidando creencias y paradigmas. Entonces, ¿por qué no llenar nuestras mentes y almas con elementos que nos permitan vivir una vida fructífera y recompensada? Esos elementos son bendiciones que solidificarán los valores.

Valores con respecto al individuo

Todos esperamos vivir una vida de felicidad, de paz, éxito, prosperidad, recompensas, libertad y amor. Esto es, por supuesto, si nos valoramos a nosotros mismos; y el valor fundamental de nosotros mismos es nuestra vida. El siguiente paso es identificar los valores pivote, aquellos que brindarán soporte a nuestra vida como valor fundamental.

"¿Qué valoramos exactamente en nuestra vida?"

Podríamos comenzar con lo que es más importante para nosotros. ¿Es la educación? ¿Es tener solvencia económica? ¿Es libertad? Asumamos por un momento que es salud. ¿Valoramos la salud espiritual, física y mental todas por igual?

Sea lo que sea, debemos identificarlo y establecerlo como nuestros valores pivote. También es cierto que nuestros valores pivote pueden cambiar de importancia a medida que envejecemos. Por ejemplo, el 'divertirnos' es un valor pivote que surge durante la juventud. Más adelante, pueden surgir otros como la fe, la instrucción y la imagen personal. Y luego hacia la vejez quizás lo serán la salud, la paz mental y la verdadera amistad.

Valores con respecto a la familia

La familia es la base misma de cualquier sociedad. Es la unidad básica, por lo que los valores para fortalecerla no son menos importantes que los individuales.

Es bien sabido que el diablo utiliza todo su poder maligno y maléfico para destruir a las familias. Y los miembros individuales de una familia destruida se vuelven débiles y vulnerables, lo que los convierte, por lo tanto, en presas fáciles de caer en maldiciones y en personas resentidas y vengativas. "En la unión está la fuerza", dijo una vez un hombre sabio, queriendo decir en este caso que una familia unida, con valores fuertes y claros, puede ayudar a un miembro débil, confundido y varado.

Por supuesto, cada familia es diferente. Los antecedentes, hábitos y creencias de sus miembros pueden diferir de los de otra familia. Pero hay algunos valores pivote que son comunes para la mayoría de las familias y que forman parte de su verdadera fundación que sostiene su propia existencia. Podemos pensar que compartir la fe es un valor pivote necesario que crezca dentro de nuestras familias. De hecho, así es. Otro valor pivote también puede ser mantener la armonía familiar. ¿Qué otro?

Es realmente en el hogar, dentro del núcleo familiar, donde primero se enseñan los valores, las virtudes y los buenos modales. Estas enseñanzas y los modelos que nos brindan nuestros padres y otros miembros de la familia contribuirán a que pasemos a la siguiente etapa de nuestra vida con confianza.

Valores con respecto a la escuela, al trabajo

En la escuela es cuando nos abrimos al mundo, y luego al comenzar a trabajar es cuando sentimos que tomamos más firmemente el mando de nuestras vidas.

Es el momento cuando nos convertimos en personas con una vida propia, conscientes de la responsabilidad de tomar nuestras propias decisiones. Y otro conjunto de valores crecerá y se solidificará. Es posible que, cuando somos jóvenes, no comprendamos todo lo que eso implica, pero indudablemente en la escuela o trabajo se desarrollan también valores.

¿Cuáles son esos valores? Quizás es el "tiempo", uno de los recursos más preciados que tendremos no solo ahora, sino para siempre... Porque el tiempo es vida.

¿O acaso son tener buenas relaciones con compañeros de escuela y equipo, colegas, o socios?

Sin embargo, no olvidemos que, si es verdad que tendremos cierta independencia durante estos años formativos, aún somos responsables de nuestras acciones ante nuestros padres.

Valores con respecto a la sociedad

Seguimos ahora con los grupos sociales. Este círculo es muy importante porque es más influyente durante esos años de nuestra juventud cuando estamos más abiertos al mundo y por consiguiente más vulnerables a ser confundidos por mensajeros malvados.

Tendremos amigos y conocidos, muchos de carne y hueso, a quienes conoceremos en fiestas, reuniones de trabajo y a través de otras personas; pero también habrá "amigos" que solo serán virtuales. Esos serán con los que estamos conectados solo a través de Instagram, Facebook, WhatsApp o juegos por computadora; es decir, a través de internet.

Es cierto que Internet une a las personas; pero también es cierto que reúne a todo tipo de ellas, con bendiciones y también con maldiciones, y que pueden influir, de una forma u otra, en nuestros valores.

Parece normal, hoy en día, encontrar adolescentes que tienden a escuchar más a sus amigos que a sus padres. El problema es que algunos no son verdaderos amigos. Pero ¿nos damos cuenta de eso?

"Todo amigo dice: 'También yo soy tu amigo', pero
hay amigos que lo son solo de nombre".
Eclesiástico 37:1

A ellos no les importará cuando tengamos problemas; y no nos ayudarán cuando lo necesitemos. No brindarán un consejo sincero; y no nos visitarán cuando estemos enfermos. En muchos casos, no serán más maduros que nosotros, y tendrán, quizás, valores y creencias diferentes. Lamentablemente, veremos cómo estos "amigos" se convierten frecuentemente en nuestros mentores y, por lo tanto, en las principales voces que escuchamos. Y tal "tutoría" puede estar ocurriendo a través de una pantalla, justo en frente de la nariz de todos, sin que nos movamos de casa.

La escuela y las primeras experiencias de trabajo son, de hecho, una etapa clave de nuestra vida, cuando los valores obtenidos pueden fortalecerse... o doblegarse. Solo con valores sólidos y muchas bendiciones, acumuladas desde nuestra infancia, podemos hacer frente, con confianza, a los ataques malvados que indudablemente se presentarán.

Valores con respecto al país

¿Qué hay de nuestro país? En muchos países desarrollados, y en no tan desarrollados, las personas dan por sentado que su país siempre será como lo conocen o quizás mejor, olvidando que el diablo también lo persigue, y aprovechará la menor oportunidad de atacar y poner a ese país al revés, llenándolo de maldiciones. Hay varios ejemplos en el mundo hoy en día, como los casos de Cuba, Venezuela y Nicaragua, en solo un continente.

Vale la pena luchar por los valores que identifiquemos para nuestro país. No durmamos en los laureles. Un país que cae víctima del mal verá a sus ciudadanos caer también. El engaño, la corrupción, la división, la injusticia, la represión, el terrorismo... todo eso comenzará a llover en cascada y erosionar a la sociedad, las familias y los individuos. Preguntamos de nuevo:

"¿Qué valoro de mi país?"

Podría ser su variada naturaleza o sus recursos naturales. Pero también, podría ser su gente. Quizás sus sistemas de trabajo. O, tal vez, la seguridad que ofrece. ¿Cuáles son esos para ti?

Valores con respecto al planeta

Por último, pero no menos importante, es nuestro planeta. Ese círculo imaginario circundante que parece que a muchas personas no les importa, porque, de todos modos, alguien más se está ocupando de él; así asumen muchos. Nuestro planeta ha sido golpeado muy duro, pero, lamentablemente, miles de millones de personas no parecen darse cuenta... o no les importa. Calentamiento global del planeta; escasez de agua; contaminación ambiental. Para muchos, esos son problemas para las próximas generaciones, y si es así, ¿por qué molestarse ahora? Pues no es así; esos problemas son también nuestros, y nos impactarán cada vez más, de una forma u otra, más temprano que tarde. Pero, ciertamente, impactarán las próximas generaciones, incluidas las de nuestros hijos y nuestros nietos. Entonces, ¿Qué tipo de legado les dejaremos? ¿No queremos que sea buena?

Nuestra contribución para un mundo futuro que sea mejor es luchar por nuestros valores del presente... sabiendo, por supuesto, cuáles son. Quizás valoramos las cuatro estaciones que colorean nuestro planeta cada año o sus bosques amazónicos. Quizás el aire que respiramos y el agua que nos brinda para beber. ¿Cuáles son?

En resumen, los valores, fundamentales y pivote, guiarán nuestros pensamientos, sentimientos, deseos, actitudes y comportamientos. Y los valores pueden dar forma a nuestra realidad, la realidad que queremos vivir. Por eso, es importante identificarlos y tenerlos presentes.

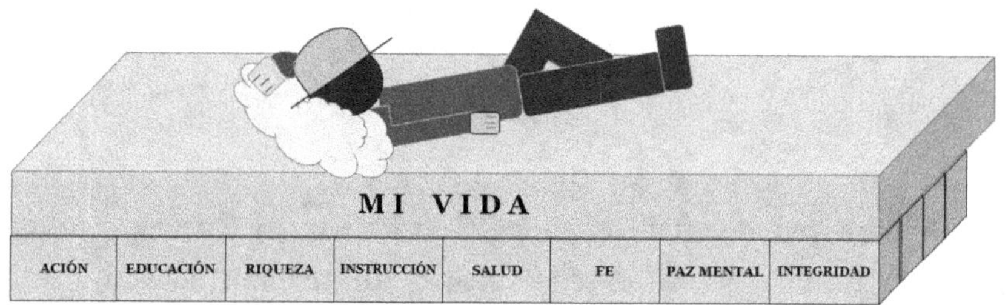
MI VIDA
ACIÓN
EDUCACIÓN
RIQUEZA
INSTRUCCIÓN
SALUD
FE
PAZ MENTAL
INTEGRIDAD

TERCER PRINCIPIO

NO DEJES QUE PARADIGMAS DOBLEGUEN TUS VALORES

Comenzamos a tomar plena conciencia de nuestras facultades solo cuando alcanzamos la edad de la razón; es decir, entonces seremos capaces de comprender que un evento tiene un sujeto y un objeto, que produce un efecto que tiene una causa y que dicho evento ha ocurrido durante un período de tiempo específico y en un espacio determinado. Nos damos cuenta de nuestros propios actos y sus consecuencias.

También comenzamos a desarrollar nuestra atención, la cual es, básicamente, fijar nuestros sentidos en algo o alguien. Y así comenzamos a aumentar nuestra capacidad de observación, que es la atención aplicada o sostenida sobre ese algo o ese alguien. Tanto la atención como la observación nos abren a todo un mundo exterior e interior, no muy comprendido hasta entonces, y es a través de nuestra propia reflexión que hacemos un análisis interno de lo que hemos observado.

Reflexiones

Las reflexiones, más la información recibida, nos dan la capacidad de inferir un juicio sobre los demás, llevándonos de una o varias verdades conocidas a otra verdad que no podemos alcanzar o confirmar de inmediato. Esto es juzgar. El problema aquí es que tales juicios y sus "verdades" que los acompañan permanecen obstinadamente por cierto tiempo, a veces para siempre, creando suposiciones y paradigmas que finalmente impactan nuestros valores.

Los valores guían nuestros comportamientos, como ya dijimos. La información que recibimos durante los años críticos de nuestra jornada de crecimiento contribuirá a la creación y consolidación de nuestros valores. Sin embargo, la información también puede destruir o doblegar nuestros valores.

Ciertamente, cuando reflexionamos sobre algo o sobre algún evento o situación, de una manera procesamos la información recibida y la registramos, haciéndonos asumir cuál será el resultado cada vez que percibimos lo mismo. Esto puede convertirse en un paradigma que será muy difícil de cambiar. Aunque no imposible.

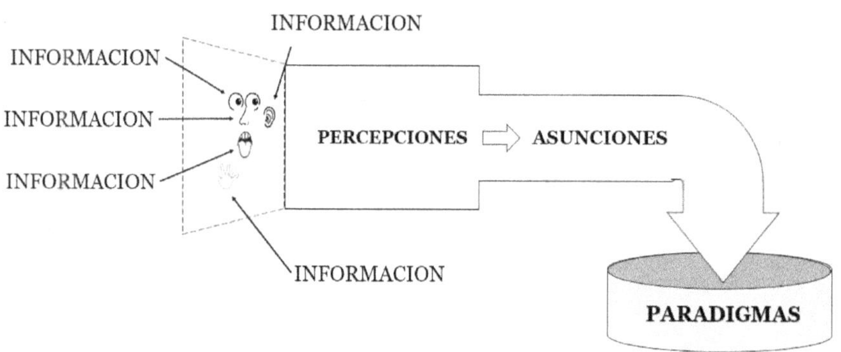

Percepciones y perspectivas

Percibir es tomar conciencia de las situaciones a través de nuestros sentidos: vista, olfato, oído, gusto y tacto. Cada persona tiene uno o dos sentidos más desarrollados que los demás sentidos. Alguien puede percibir una atmósfera de relajación observando la corriente de agua en un riachuelo, mientras que para otra lo será el sonido del agua que corre.

Otras definiciones se refieren a la formulación de opiniones basadas en apariencias, es decir, entendemos un hecho en función de cómo aparece ante nuestros sentidos, Percibimos algo por la forma en que se presentan, lo cual puede variar según sean las circunstancias. Aquí es donde el concepto de perspectiva juega un papel importante. La forma en que percibimos algo dependerá de la perspectiva desde la que estemos mirando el objecto o la situación.

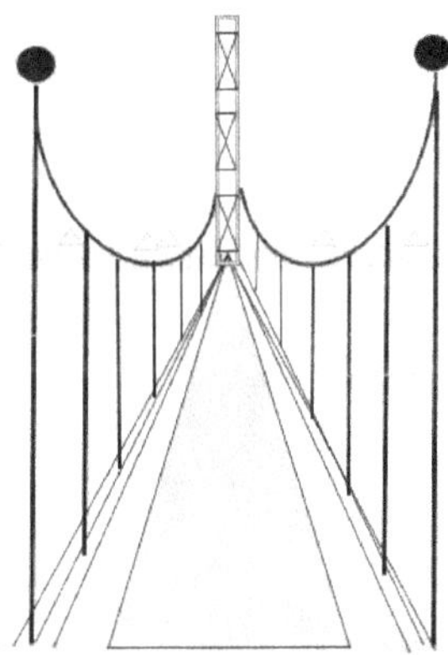

Quizás la forma más simple de explicar percepciones y perspectivas es cuando miramos algo desde lejos o desde cerca. Ese cambio de perspectiva mueve el foco de lo que vemos, haciéndonos apreciar, probablemente, otro elemento que está presente pero que no habíamos percibido cuando originalmente vimos el objeto o la situación.

Por ejemplo, podríamos juzgar que este bonsái es un trabajo hecho de manera magistral e ingeniosa, dándonos la percepción de haber sido creado por un experto que es paciente y cuidadoso, diligente y meticuloso. Un experto haciendo bonsáis.

Pero acercándonos, podemos ver un elemento que antes no vimos, y que de repente realza el trabajo, haciéndonos dibujar una sonrisa en nuestra cara y pensar ahora que el autor es una persona cálida, detallada, afectuosa.

Otro buen ejemplo son las líneas de Nazca, en Perú. Se trata de una serie de enormes dibujos en el suelo representando varios animales, insectos y formas, que solo se ven a gran altitud, como, por ejemplo, desde un avión. Si estamos en el suelo, no hay mucho que podamos ver, excepto un grupo de rocas y tal vez una especie de camino o sendero, como se muestra en la imagen siguiente, a la derecha.

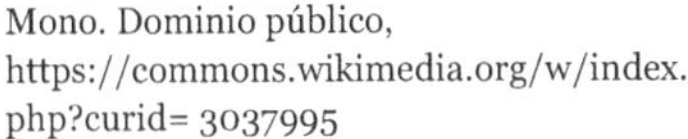

Mono. Dominio público,
https://commons.wikimedia.org/w/index.
php?curid= 3037995

Línea de Nazca, a nivel de suelo. Trip Advisor.

Otra forma simple de explicar es mirar algo por la noche en comparación con cuando lo miramos durante el día. Vemos todo de otra manera. Entonces, las perspectivas cambian nuestras percepciones de las cosas y, en algunos casos, tan dramáticamente que lo que vemos es solo una ilusión; como los dibujos de Julian Beever, el dibujante británico. El artista puede, hábilmente, dibujar algo sobre el pavimento de una acera que se convierte en un dibujo tridimensional cuando lo miramos a través de una cámara que se instala frente a los dibujos.

Las personas también pueden tratar de cambiar las percepciones "justificando" la situación. "Robé algo de dinero porque tenía hambre"; "Te mentí para no lastimarte"; "Te engañé porque sospechaba que tú me estabas engañando". En todos los casos, justificar nuestras acciones, prácticamente culpando a otros, se sumará a nuestras maldiciones; y eso solo traerá tribulaciones eventualmente.

Asunciones

Durante nuestra vida, estamos percibiendo cosas constantemente, haciéndonos formar asunciones o suposiciones basadas en la información que hemos acumulado. Y cuando asumimos algo, creemos que las cosas son siempre como las vemos hoy, o que algo sucederá de la manera esperada, sin tener pruebas de ello.

Por ejemplo, en un día nublado observamos las ramas de los árboles moviéndose vigorosamente, haciéndonos percibir, a través de nuestros ojos, la oscuridad del día y, a través de nuestra piel, el fuerte viento, e inmediatamente asumimos que va a llover. En un día brillante, miramos por la ventana y vemos personas caminando afuera, vestidas con camisetas y pantalones cortos y tomando agua o gaseosas; esto nos hará suponer que es un día muy caluroso. O tal vez estamos escuchando música a volumen alto procedente del piso de nuestro vecino, y asumimos que está organizando una fiesta para sus amigos, como ha sucedido antes. Estos ejemplos muestran que, una vez que nos damos cuenta de la situación, "sabemos" lo que está sucediendo o está por suceder, aunque no lo podamos demostrar en el momento. ¿Estamos, entonces, asumiendo que son patrones invariables? Hay una línea fina entre saber y creer.

Creemos que al cubrirnos la cabeza de la lluvia no nos enfermaremos; o que a nuestros hijos les irá bien en la escuela porque contratamos tutores privados; o que obtendremos un aumento salarial este año porque obtuvimos uno el año pasado. Lo grave es que damos por sentado muchas asunciones. ¡Qué decepcionante será si lo que realmente sucede no es lo que habíamos asumido!

Entonces, si nuestra asunción tiene un impacto claro y significativo, seguramente nos conviene hacer algo al respecto, como hacer que suceda o evitar que suceda, dependiendo de la forma en que queremos que sea el resultado. De lo contrario, el resultado puede convertirse en una tribulación para nosotros.

Podemos asumir que estaremos saludables durante los próximos 20 años, pero solo si hoy nos cuidamos bien. Podemos suponer que no nos enfermaremos si somos lo suficientemente conscientes como para no permanecer demasiado tiempo bajo la lluvia; pero, quizás, podemos tomar un poco de vitamina C adicional o vacunarnos contra la gripe. Podemos asumir que a nuestros hijos les irá bien con sus tutores, pero podríamos también revisar su tarea diariamente. Podríamos asumir que nuevamente obtendremos un aumento salarial este año si somos trabajadores y responsables, pero quizás deberíamos ser prudentes y no incurrir en ningún compromiso adicional innecesario, en caso de que no lo obtengamos.

Esas conductas solo podrían ser si tenemos valores fuertes y si hemos crecido en bendiciones. Sin ellos, podríamos ser descuidados, irresponsables y perezosos, y terminar enfermando o endeudados.

Generalizaciones

Cuanto más se demuestre que las asunciones son correctas, más fácil será generalizar. Generalizar es formar un juicio sobre todo un grupo (individuos o elementos de la misma clase, tipo, género, raza, generación, situación, etc.), al cual aplicamos, implícitamente, un conjunto de características, propiedades y resultados basado en lo que anteriormente hemos visto común o repetido en esos grupos, así haya sido en algunos pocos casos individuales. Esto es peligroso y puede agregar maldiciones si no sabemos cómo controlarlo.

Por ejemplo, leemos en las noticias sobre un par de casos relacionados con abogados que fueron declarados culpables de robar miles de dólares a clientes; o un sacerdote en un país, y otro en un país diferente, que fueron declarados culpables de abuso sexual. Pues bien, algunos pueden pensar que todos los abogados y todos los sacerdotes son "iguales", y todo porque una o dos personas de esos grupos se comportaron igual. Incluso, grupos más grandes dentro de una sociedad no pueden escapar del juicio injusto. Nos enteramos que una raza étnica en particular está involucrada en la mayoría de los crímenes en la ciudad. Eso probablemente nos hará aumentar nuestro estado de alerta cuando veamos a un miembro de esa raza étnica acercarse a nosotros. Al generalizar, podríamos juzgar errónea e injustamente a alguien.

¿Qué puede suceder, entonces, si no crecemos en bendiciones? Pues bien, comenzamos a doblegar nuestros valores. Podemos, por ejemplo, cuestionar nuestra fe "porque todos los sacerdotes abusan de los jóvenes". O podemos cuestionar el matrimonio y la familia "porque mis padres y muchos de mis amigos se han divorciado". Incluso el valor de la amistad y la aceptación puede verse comprometido "porque este chico es de esa raza étnica problemática". ¡Qué terrible si cayéramos en eso! Eso solo traerá maldiciones como el rechazo, la desconfianza, el resentimiento, la crítica y el odio.

Ahora bien, las personas adultas pueden hacer un juicio consciente de las situaciones que se van presentando y no dejar que esas asunciones dobleguen sus valores. Pero, ¿qué pasa con nuestros jóvenes, cuyos valores y bendiciones aún están en desarrollo? Pues, de ahora en adelante y cuanto antes, crezcamos en bendiciones. Nos ayudará a evitar que esas asunciones se conviertan en paradigmas difíciles de cambiar.

Paradigmas

Todos tenemos paradigmas. Los paradigmas son fuertes creencias de un modelo o patrón; y pueden ser personales y culturales. Muchos paradigmas pueden afectar nuestra vida diaria, en diferentes grados. "Los cereales son solo para el desayuno"; "Los atoles son para niños pequeños"; "La leche materna es solo para bebés"; "Solo aquellos que se destacan en matemáticas y física pueden ser buenos ingenieros"; "Los insectos no son alimento para los humanos".

Por supuesto, habrá suficientes razones que respalden muchos de los paradigmas, especialmente cuando las asunciones que los soportan, o subyacentes, se prueban correcta y repetidamente.

Sin embargo, los paradigmas son desafiados continuamente, sobre todo en estos tiempos modernos, cuando los jóvenes tienen ventaja ya que están mucho más predispuestos a cuestionar todo. Como el que preguntó: ¿Por qué la pizza, que es redonda, viene en una caja cuadrada y la comemos en triángulos?

Cambio de paradigma

Cuando obtenemos nueva información y conocimiento a medida que crecemos, podemos comenzar a desafiar nuestros propios paradigmas para luego evaluar una oportunidad de cambiarlos y aprender algo nuevo. Así, descubrimos más adelante en la vida que hay más de una religión en el mundo; que los autos se pueden conducir a la derecha o a la izquierda; y que, mientras que nosotros vivimos en el año 2019, otras personas viven en el año 1440 (calendario islámico) o el año 2562 (calendario budista).

Cuando se cambia la forma habitual y aceptada de pensar, o hacer algo, se produce un cambio de paradigma. El diccionario Oxford Conciso define el cambio de paradigma como un cambio fundamental en el enfoque de la asunción subyacente. Pero cuando desafiamos los paradigmas, estamos pensando más profundamente, lo que eventualmente solidificará nuestros pensamientos, sentimientos, deseos, actitudes y comportamientos, aunque muchas veces esto no nos libre de conflictos internos. Hoy en día, el mundo entero está en complot para cambiar muchos viejos paradigmas como, por ejemplo, un solo baño para hombres y mujeres. Lo que para algunos podría ser aberrante para otros es simplemente irrelevante.

Estamos viendo y viviendo grandes e importantes cambios en el mundo. Hace pocas décadas era impensable un enlace conyugal legal entre dos personas del mismo sexo; o que habría más géneros además del masculino y femenino. Los helados no tenían otro sabor que no fuera chocolate, vainilla o fresa. No existían los deportes electrónicos en computadoras; ahora están llenando estadios de fanáticos; y hoy en día, algunos médicos hablan de trasplantes de cabeza.

Esas y muchas otras alteraciones nos están haciendo reflexionar si aceptamos o no que el mundo está realmente cambiando, sea para bien o para mal, y que las creencias con las que crecimos ahora serán obsoletas.

Pues bien, de hecho, el mundo está cambiando y continuará haciéndolo para peor si nuestros valores son doblegados. Por supuesto, cuanto más aprendemos y nuestro conocimiento se expande, nuestras mentes comienzan a buscarle una razón a todo. Tratamos de hacer y aceptar cosas más audaces, sin darnos cuenta de que, en varios de los cambios propuestos, es el mismo diablo y sus demonios quienes están detrás, susurrando en nuestros oídos que está bien aceptar los cambios que vienen, "porque existe un mundo nuevo allá afuera". Escuchamos que todo se puede "mejorar", que hay mejores maneras de lograr cualquier cosa; que el cambio es la única constante. Desde afuera, algunos cambios pueden parecer seguros, sutiles, justificados y necesarios; y así, los viejos paradigmas son reemplazados por nuevos.

Seguir adelante, solo si nuestros valores se fortalecen

Nuestro viaje de crecimiento es nuestro, a lo igual que nuestros pensamientos, sentimientos, deseos, actitudes y comportamientos; no son de nadie más. Cuando el "mundo" nos presenta cambios bajo cualquier pretexto, tal vez deberíamos analizarlos más a fondo para descubrir si el resultado será una bendición o una maldición... y si será a favor o en contra de nuestros valores. No porque todos estén cambiando, nosotros tenemos que cambiar, a menos que sea para fortalecer nuestros valores y para aumentar nuestras bendiciones.

¡SABROSO!
VINAGRE
VINEGAR
VINEGAR
VINAGRE
Ensalada
¡LIMPIO!

CUARTO PRINCIPIO

OYE CONSEJO

"El diablo es más sabio por ser viejo que por ser diablo", es un dicho popular en varios de los países latinoamericanos. Podría ser cierto, teniendo en cuenta que el diablo ha existido por mucho, mucho tiempo.

"La voz de la experiencia" es otra declaración que escuchamos a menudo cuando hablamos de un experto. No en vano, las personas nacen, crecen y viven acumulando conocimiento que se obtiene a través de la educación y de la instrucción; a estos se le añaden las experiencias vividas. Ciertamente, la persona sabia requiere mucho tiempo para acumular tales conocimientos y experiencias. Y esto nos permitirá, al enfrentar nuevas situaciones, observar, analizar, tomar decisiones y eventualmente aprender del resultado obtenido, cualquiera que sea. De hecho, aprenderemos tanto de los éxitos como de los errores. Pero, ¿por qué, entonces, demostramos, una y otra vez, que el hombre es el único "animal" que comete el mismo error dos veces? Pues bien, "errar es de humano", dicen.

¿Estamos justificando con eso, si se quiere, el hecho de que podemos repetir un error? ¿O seguimos intentándolo porque simplemente no aceptamos fallas y lo repetiremos hasta hacerlo bien, sabiendo que al repetir algo aumentamos las probabilidades de que se produzca el resultado deseado?

¿O será porque no aprendemos lo suficientemente rápido? ¿O tal vez porque somos tercos?

En realidad, siempre aprendemos algo. No importa repetirlo una o diez veces, pero aprendemos. No es que el hombre no aprenda rápido... bien, tal vez algunos más rápido que otros, pero aprendemos porque tenemos un cerebro y cinco sentidos. Percibimos cosas, asumimos, e intentamos demostrar que nuestras asunciones son correctas; y sean o no, aprendemos. Es cierto que aprender de la propia experiencia es más poderoso que aprender de la experiencia de otras personas, pero nunca debemos subestimar el conocimiento acumulado por otros, especialmente aquellos que han vivido más que nosotros y que saben más que nosotros. Para aceptarlo, necesitamos ser bendecidos con la humildad. Debemos ser lo suficientemente humildes para aceptar que no lo sabemos todo, que podemos aprender de otros que ya han aprendido, vivido y experimentado más que nosotros. Y ¿por qué no? Pedir y oír consejo. No dejes que el orgullo, una maldición, te lo impida.

Educación versus Instrucción

La educación y la instrucción a veces se toman como lo mismo, como sujetos intercambiables. Por ejemplo, muchos formularios de solicitud de empleo piden la *educación* del candidato, y el candidato generalmente lo completará con información relacionada con los temas en los que se le instruyó (por ejemplo, 'contabilidad', 'ingeniería', 'biblioteconomía', 'carpintería', etc.), y nombrará la institución o universidad donde recibió su diploma. Y eso está bien para el empleador porque, de todos modos, eso es lo que quiso preguntar en primer lugar.

Debemos tener muy claro el significado de la

educación. Cuando estamos siendo educados, estamos perfeccionando todas nuestras facultades, tanto morales como intelectuales... y también podríamos decir las físicas. El objetivo de la educación es hacernos pensar, sentir, desear y actuar correctamente. Cuánto más educados seamos, más bendiciones tendremos y nuestra jornada de crecimiento personal será más gratificante.

> "Da al sabio y se hará más sabio aún; instruye al
> justo y ganará en saber".
> *Proverbios 9:9*

Ahora bien, cuando se nos instruye, estamos acumulando conocimiento; también estamos desarrollando nuestra inteligencia, nuestros talentos y habilidades.

Nos instruyen las ideas, los hechos, la información, las propias experiencias, la transferencia de conocimiento provenientes de otros, etc. El conocimiento es, de hecho, poderoso. Puede ser un valor personal muy productivo. Como el ejemplo del gerente de fábrica que no pudo encender una máquina y, sintiéndose desesperado, trajo a un experto del exterior para ayudarlo a solucionar el problema. El experto vino, vio, presionó un botón y la máquina arrancó. Todos estaban muy contentos hasta que llegó la factura por $1,000. Asombrado, el gerente de la fábrica le preguntó al experto por qué los cargos eran de $1,000, cuando lo único que hizo fue presionar un botón; entonces, solicitó una factura detallada. Y la factura vino detallada: $1 por presionar un botón y $999 por saber qué botón presionar.

> "Porque la sabiduría se reconoce en las palabras,
> y la instrucción, en la manera de hablar".
> *Eclesiástico 4:24*

La instrucción es un elemento importante que complementa una educación sólida. Una necesita a la otra.

Un científico de la NASA podría ser, si no es educado, un individuo grosero y rudo, que acumulará maldiciones que lo harán arrogante, despectivo, orgulloso, banal, pretencioso, insolente. Por otro lado, un predicador humilde, honesto, desinteresado y amable, puede no tener suficientes habilidades, aprendizajes o temas que lo ayuden a enseñar y a transmitir un mensaje significativo, contundente, sustancioso y efectivo a los demás.

Muchas bendiciones provienen de la obtención holística de la educación, como ser justos y equitativos, creativos y asertivos, eficientes y efectivos, profesionales y generosos. Pero, probablemente, la enseñanza más valiosa de la educación es la enseñanza de la moral. La moral nos da la capacidad de discernir entre lo que está bien y lo que está mal. Podríamos estar muy bien instruidos en el manejo de un fusil M16, pero ¿lo vamos a usar para asesinar a alguien?

La educación y la instrucción comienzan incluso antes de que tengamos suficiente conciencia de nosotros mismos. En casa, seremos educados para ser fieles, responsables, y respetuosos. Nuestros padres nos enseñan obediencia, disciplina, buenos modales y también cómo comer y hablar el idioma. Lamentablemente, a esa corta edad, no somos tan conscientes de esos consejos de los padres, tan llenos de amor, sinceridad y de buenos deseos, y que nunca será mal intencionado. Pero la semilla ha sido plantada y los frutos deberían verse más adelante.

"Un hijo sabio ama la corrección, pero el insolente
no escucha reproche".
Proverbios 13:1

Lógicamente, a esa temprana edad, nuestros círculos circundantes son pocos y delgados, pero crecerán en número y grosor a medida que nos desarrollamos. Salimos de casa a estudiar y trabajar y comenzamos a obtener formación e información de maestros, tutores y expertos. La instrucción se vuelve más predominante. Nos instruirán en diferentes materias, como ciencias, contabilidad, química o literatura. También comenzamos a escuchar a nuestros compañeros y amigos más de lo que escuchamos a nuestros padres... no solo 'escuchar', sino también 'creer'. Pero para entonces, ya deberíamos haber acumulado valores indoblegables y una educación sólida que nos protegerá de las maldiciones que invaden el mundo.

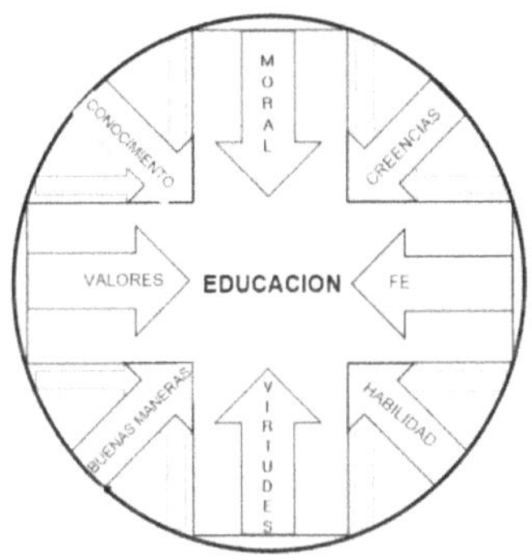

Ahora bien, ¿qué cantidad de esa información se destinó a nuestra educación y cuánto se destinó a nuestra instrucción? La respuesta no es tan importante, siempre y cuando todo eso contribuya a nuestra integridad. ¿Y cuánto es suficiente? Muchos todavía piensan que, porque han estudiado, lo saben todo. Están equivocados.

"No seas sabio a tus propios ojos, teme al Señor y
apártate del mal; eso será un remedio para tu
carne y savia para tus huesos".
Proverbios 3:7-8

Ser pomposo es una cosa, y ser ingenuo es otra. La realidad es que no lo sabemos todo; que siempre necesitamos más educación e instrucción. Y para eso, también podemos preguntarle a quienes saben y han vivido más que nosotros.

Si oyes consejos, llegarás lejos

Oír consejos es una buena manera de resolver o evitar situaciones apremiantes que podemos encontrar durante nuestra jornada de crecimiento.

"Escucha el consejo y acepta la corrección, y al fin
llegarás a ser sabio".
Proverbios 19:20

Para recibir un buen consejo, debemos ubicar la mejor fuente de asesoramiento. En la escuela, si tenemos alguna duda en los conceptos de química, le preguntamos al profesor de química (¡no al profesor de literatura!). Ciertamente, algunos de nuestros maestros pueden convertirse en tutores; y algunos de nuestros amigos, con más experiencia, pueden convertirse en nuestros mentores. Sus conocimientos y experiencias nos pueden enseñar algo, así que, al menos, no comenzamos desde cero. Podemos aprender tanto de sus éxitos como de sus errores.

"El oro y la plata hacen marchar con paso firme,
pero más todavía se aprecia un consejo."
Eclesiástico 40:25

Debemos convencernos de que no tenemos todo lo necesario para enfrentar todas y cada una de las situaciones que encontraremos en nuestro andar en la vida. Indudablemente, abordaremos cualquier situación usando las herramientas, habilidades, conocimientos y experiencias que poseemos, pero puede ser no suficiente. Ahora, si otras personas ya conocen o han pasado por una situación similar, acerquémonos a ellas y aprendamos de sus consejos y enseñanzas. Eso puede ayudarnos a evitar cometer errores y a seguir adelante en nuestro peregrinar.

> "Acude a los sabios, y te harás sabio, pero el que frecuenta a los necios se echa a perder".
> *Proverbios 13:20*

¿Por qué entonces, a veces, somos tan reacios a recibir los buenos consejos de otros? Y peor aún, los recibimos, pero luego los rechazamos. El resultado es el mismo: más tribulaciones y más peso a nuestra cruz; y sabiendo que podrían haberse evitado.

> "Miseria e ignominia para el que desecha la corrección; el que tiene en cuenta una advertencia será honrado".
> *Proverbios 13:18*

Hay otro dicho popular en países latinoamericanos: "El que no oye consejos no llega a viejo". No oír consejos es una actitud orgullosa e injustificada. Y en la mayoría de los casos el consejo no cuesta nada, el asesoramiento necesario puede ser un recurso gratuito y fácilmente disponible. Solo tenemos que abrirnos para pedir y oír consejos, no ponernos a la defensiva, y sentarnos a escuchar.

Jesús dijo:

> "Pidan, y se les dará; busquen y hallarán; llamen, y se les abrirá la puerta".
> *Mateo 7:7*

Si no pedimos y escuchamos consejos, cometeremos errores innecesarios, y cometer errores solo nos detendrá o, como mínimo, nos retrasará en nuestro crecimiento personal. Realmente, no vamos a llegar demasiado lejos repitiendo errores.

"Escucha hijo mío, la instrucción de tu padre, y no rechaces la enseñanza de tu madre, porque son una diadema de gracia para tu cabeza y un collar para tu cuello".
Proverbios 1:8-9

QUINTO PRINCIPIO

MAS VALE PREVENIR QUE LAMENTAR

Cada error que cometemos y cada fracaso que vivimos solo aumentará nuestras tribulaciones, agregando peso a nuestras cruces. De ahora en adelante, debemos luchar por cometer menos errores; es simple, cuántos menos errores cometamos, menos posibilidades de fracaso. Aun así, no todo está perdido.

Un error es una acción, decisión o juicio que produce un resultado no deseado. Este resultado no deseado es, por supuesto, no intencional. Pero todo eso es algo de lo cual podemos aprender, y que nos colocará en una mejor posición en caso de que esta situación vuelva a ocurrir. Por lo tanto, no necesariamente debemos concluir que "fracasamos" al cometer un error. Un fracaso es la falta de éxito de una manera más integral. Fracasar da pocas posibilidades de cambiar las cosas. Fracasamos y fracasamos... probablemente no tendremos más oportunidades. Y lidiar con fracasos no es lo mismo que lidiar con errores; las tribulaciones que se originan de cada uno son de magnitudes diferentes. Podemos perder muchas batallas, lo que significa que podemos cometer muchos errores, pero con la actitud correcta, la determinación, el coraje y el enfoque preventivo, aún podemos tener éxito en lo que sea que estemos haciendo.

Todavía podemos ganar la guerra.

Aprendimos en el último capítulo que muchos errores se pueden evitar al escuchar los consejos bien intencionados de nuestros padres y de aquellos con más experiencia y conocimiento que nosotros. Pero también se pueden evitar si pensamos de antemano qué puede salir mal y, por supuesto, si hacemos algo al respecto. Eso es ser prevenido.

Prevención

Prevenir es evitar que algo suceda o que alguien haga algo. Pero aclaremos el concepto real. No queremos evitar que algo *bueno* suceda. Esto sería obstrucción, impedimento, entorpecimiento, o disuasión. Si evitamos que alguien ayude a un vecino necesitado, eso solo será recibido como una maldición. Lo que queremos evitar es que algo *malo* ocurra.

Una bendición que apoya la prevención es la prudencia. En este contexto, la prevención es una bendición.

> "El incauto cree todo lo que le dicen, pero el
> prudente vigila sus pasos".
> *Proverbios 14:15*

Lógicamente, no queremos que ocurra un "problema". Queremos evitarlo, ya que es mejor detenerlo ahora que tratar de solucionarlo después de que suceda. Por eso escuchamos dichos y refranes como: "Es mejor prevenir que lamentar"; "Un gramo de prevención vale más que un kilo de cura"; "Hombre prevenido vale por dos".

Y así hay otros. Esos son dichos muy sabios. De hecho, la prevención puede salvarnos de errores y fracasos... y de miserias.

La prevención es una bendición que no se internaliza tan fácilmente porque tendemos a dar por sentado lo que asumimos. Es posible que no se nos ocurra, espontáneamente, que algo diferente pueda suceder, por lo que no actuamos de antemano sobre los posibles resultados o situaciones colaterales. Y debido a eso, no pensamos en ninguna consecuencia si tales posibles resultados llegaran a suceder. Si el fuerte viento y las nubes oscuras nos hacen suponer que va a llover. ¿Por qué esperar en realidad que llueva para tomar el paraguas? No podemos detener la lluvia simplemente tomando el paraguas, pero podemos evitar que nos mojemos. O tal vez podríamos evitar llegar tarde a la escuela, al prever el tráfico pesado que generalmente ocurre cuando llueve; o la dificultad de conseguir un taxi.

Ciertamente, en muchos casos, podríamos evitar fácilmente situaciones adversas. Evitaremos llegar tarde a la escuela saliendo temprano de casa; evitaremos enfermarnos vacunándonos o manteniendo nuestro cuerpo en forma; evitaremos lastimarnos al usar una máquina si entrenamos adecuadamente o usamos la herramienta apropiada; evitaremos ir a la bancarrota obteniendo un seguro o ahorrando dinero; evitaremos una vejez miserable haciendo ejercicio y comiendo bien; evitaremos pérdidas en el almacén por brote de incendio si mantenemos equipos contra incendios y no almacenamos materiales inflamables; evitaremos inundaciones en la ciudad mediante la construcción de canales de agua; y así, muchos ejemplos.

"El hombre prudente sabe bien lo que hace, pero
el necio va ostentando su insensatez".
Proverbios 13:16

Indudablemente, podemos evitar, o al menos contribuir a evitar, que ocurran eventos infelices en cada uno de los círculos que nos rodea. Claro está que podría ser abrumador si comenzáramos a ver posibles peligros y riesgos en todas partes. La idea no es volverse paranoico con todo eso, sino usar la prevención como herramienta que nos ayude a lograr alcanzar nuestras metas. Al hacerlo consciente y constantemente, la actitud de ser prudente la internalizaremos, y cuando esto sucede, terminamos aplicándola naturalmente a muchas situaciones.

Metas y objetivos claros

Para implementar la prevención, primero necesitamos saber qué metas y cuales objetivos, a corto y largo plazo, queremos alcanzar. La solidificación de nuestros valores, tanto fundamentales como pivotes, y la acumulación de bendiciones, deben ser nuestros objetivos en la vida; y esos deben alcanzarse de manera segura y rápida. Pero, por supuesto, hay otros objetivos o metas menores en nuestra vida, como, por ejemplo, un proyecto de ciencias de la escuela que tenemos que terminar para mañana; o un objetivo de ventas de la compañía que debemos alcanzar a fin de mes; o reduciendo los 5 kg extra de peso que tenemos. Objetivos que podemos lograr fácil y exitosamente aplicando un poco de prevención.

Lo siguiente es conocer el proceso requerido para alcanzar ese propósito, objetivo o meta final. Necesitamos conocer la mejor y la segunda mejor ruta o forma de llegar allí, y visualizar qué obstáculos podemos encontrar en el camino, para analizar luego qué puede salir mal o en contra. Necesitamos observar y estudiar el entorno, el marco en el que evolucionarán las posibles situaciones. Necesitamos identificar los factores que contribuirán a un resultado expedito y exitoso.

Ciertamente necesitamos hacer la debida diligencia en conocer todo lo relacionado con la meta que hemos establecido alcanzar; para ello, investiguemos, leamos sobre eso, pidamos y oigamos consejos. El proyecto de ciencias no estará terminado si no lo comenzamos con suficiente tiempo y con el aprendizaje necesario; o con los materiales requeridos. Nuestro objetivo de ventas no se alcanzará si no conocemos a nuestros competidores; y, mucho menos, si no conocemos las limitaciones, necesidades y motivaciones de nuestros clientes potenciales. No reduciremos de peso si seguimos disfrutando de esos dulces a la media tarde y no leemos los ingredientes de los alimentos que consumimos.

Finalmente, planifícalo. Define la estrategia: qué hacer, cuándo hacerlo, cómo hacerlo, con quién, dónde, qué recursos. Y luego, ¡solo hazlo; actúa en consecuencia!

"Mas vale un sabio que un hombre fuerte, y un
hombre instruido que uno muy vigoroso, porque
la guerra se gana con estrategia y la victoria con el
número de consejeros".
Proverbios 24:5-6

ES
MIEDOS
ANSIED
TRISTEZAS
MALDICIONES
PREVENCIÓN

SEXTO PRINCIPIO

COMPÁRATE CON LOS MEJORES

"¡Espera un minuto!" Los gurús del crecimiento personal nos han dicho muchas veces que no nos comparemos con nadie, que somos individuos con nuestro propio conjunto de creencias, sentimientos, luchas, deseos, fundamentos y poder de decisión. "¡No vamos a compararnos con los demás!"

De cierto modo, es verdad. Cuando nos comparamos con los demás, sin la madurez necesaria y sin bendiciones sólidas, podemos caer en maldiciones. Podemos sentir envidia, lástima, conformismo, orgullo, arrogancia y sentimientos de superioridad; o inferioridad. Y si caemos en estas maldiciones, podríamos sentirnos atrapados y paralizados; y esto no es lo que queremos, por supuesto. La comparación que debemos hacer no está en nuestra propia individualidad definida por nuestro carácter y personalidad, sino que debe ser en nuestras acciones y comportamientos; simplemente porque siempre podemos comportarnos mejor. Dado que es muy probable que estas comparaciones se realicen viendo resultados, debemos siempre tener en cuenta que los resultados son las consecuencias de los comportamientos. Entonces, lo que necesitamos comparar son nuestras acciones y comportamientos, y así ayudar a alcanzar el resultado que esperamos.

La comparación sucede a diario

La vida no es una competencia... ¿O sí? Pues bien, competimos con otros en muchas situaciones de la vida, nos guste o no; y si hay competencia, hay comparación. Existe, a diario, todo tipo de competencia, en todos los niveles. La vacante del trabajo lo llenará la persona que se considera mejor preparada para ese puesto. El trofeo es para el equipo que mejor se desempeñó en el torneo. Para participar en los Juegos Olímpicos, o incluso en los juegos locales, necesitamos primero calificar en nuestra disciplina. No todos pueden aspirar a ser profesores en la Universidad de Harvard, y mucho menos obtener un premio Nobel. Entonces, ya sea que nos comparemos conscientemente con los demás, o que alguien más nos compare con otros, somos sujetos de comparación. No hay escapatoria; vivimos en un mundo competitivo. Incluso, hay gobiernos que fomentan la competencia presionando a sus individuos a que den lo mejor de cada uno, y así lograr que sus comunidades mejoren y el país avance.

Ahora bien, aun siendo reacios a ser sujetos de cualquier comparación, puede haber casos en los que, quizás, sintamos satisfacción cuando alguien nos compara... ¡dependiendo de con quién nos están comparando! Si jugamos fútbol y alguien dice que jugamos como Cristiano Ronaldo, nos sentimos halagados, ¿no es así? Pero probablemente no nos sentiríamos tan cumplimentados si alguien nos acusa de pensar como Hitler. En otras palabras, muchos no rechazarán ser comparados si la comparación es contra el mejor.

Instinto de supervivencia

En muchos casos, no somos muy conscientes de que estamos comparando. Cuando necesitamos asesoramiento, elegiremos entre los expertos que pueden brindarnos el mejor consejo; compraremos el próximo equipo estéreo de música de la marca que nos ha satisfecho más en el pasado; elegiremos un restaurante sobre otro por su chef. Nuevamente, es un mundo competitivo allá afuera. Incluso apostando en una lotería, que sabemos que ganar un premio se basa en probabilidades, podemos terminar comprando más de un boleto, esperando tener ventaja sobre los demás y así ganar el primer premio. Es el instinto de supervivencia... la Ley de Darwin.

La vida no es un concurso y, sin embargo, todos podemos ganar

Todo lo que hacemos no debería convertirse realmente en un concurso o en una competencia. Eso solo agregaría tribulaciones a nosotros mismos, haciendo que nuestra cruz sea más pesada. Pero, por otro lado, si no estamos alcanzando nuestros objetivos de manera consistente y eficiente, es porque estamos haciendo algo mal. Sin embargo, hay otras personas que sí están haciendo las cosas bien.

Tenemos que reconocer que hay personas realmente preparadas y que están logrando cosas maravillosas. Los vemos como ganadores. Ciertamente, debemos apreciar honestamente el éxito de los demás y el esfuerzo que hacen para alcanzar sus metas, y alegrarnos sinceramente por su éxito. Eso es una bendición.

Entonces, si otras personas tienen éxito y alcanzan sus metas debe ser porque son buenas, si no las mejores, en las disciplinas en las que están "compitiendo". Y sus metas pueden ser iguales o similares a las que nosotros estamos persiguiendo. Por lo tanto, ¿no sería lógico saber qué hicieron, cómo lo hicieron, y con qué o con quién lo hicieron, para que también nosotros tengamos éxito y logremos nuestras metas?... ¿Y seamos también ganadores? Ciertamente, podemos compararnos en lo que estamos haciendo con aquellos que lo están haciendo mejor.

También puede haber personas a las que realmente no les importa cómo les va a los demás, o si hay mejores maneras de hacer algo, o cómo obtener mejores resultados. Bien, estas personas no buscan la superación personal; son conformistas y apáticos. No aprenderán y no llegarán demasiado lejos en sus jornadas de crecimiento. Sus acciones y comportamientos son vulnerables a ser impulsados por las maldiciones. Claro está, esto podría ser un extremo en el espectro, pero el punto a destacar aquí es que necesitamos revisar si estamos siendo pasivos e indiferentes.

Nuestros héroes

Cuando somos niños, vemos a nuestro padre y a nuestra madre, y también a hermanos mayores, como las mejores personas que existen en el mundo. Ellos son nuestros héroes; los admiramos y los seguimos. Vemos cómo hacen las cosas, sus movimientos, sus comportamientos; y aprendemos de ellos. Son realmente nuestros héroes. Más tarde, comprensiblemente, también aparecerán otros líderes y héroes que serán los mejores en varias disciplinas y, ciertamente, mejores que nosotros.

Llegará el momento en que tendremos metas importantes. Quizás queramos ser parte de la Orquesta Sinfónica de Londres; o jugar futbol con el Real Madrid; o estudiar en la Universidad Nacional de Singapur. Sea cual fuere nuestra meta que anhelamos hoy, pero que aún no la logramos, podríamos hacernos algunas preguntas:

- "¿Cuáles son mis brechas en comparación con los mejores?"

- "¿Qué me falta tener que el mejor sí tiene?"

- "¿Qué estoy haciendo ahora de forma diferente al mejor?"

- "¿Qué más puedo hacer para mejorar?"

'Enfoques asertivos', 'técnicas útiles', 'habilidades necesarias', 'conocimiento profundo', 'recursos necesarios', 'capacitación práctica', 'contactos relevantes', 'mediciones e indicadores efectivos', etc. Esto, y muchas cosas más, podemos aprender de los mejores. Y no solo asuntos técnicos. Hay personas que se comportan en bendiciones mucho mejor que nosotros. Son más serviciales, comprensivos, organizados, respetuosos, generosos y misericordiosos, por mencionar solo algunas. ¿Qué hacen ellos que nosotros no estamos haciendo?

Acerquémonos a los sabios y aprendamos de ellos. Como dice el refrán: "Quien a buen árbol se arrima, buena sombra lo cobija".

> "No menosprecies la conversación de los sabios:
> vuelve sobre sus máximas una y otra vez, porque
> de ellos recibirás la instrucción y el arte de servir a
> los grandes".
> *Eclesiástico 8:8*

Compárate con los mejores. Nunca te compares con los peores, ni siquiera como consuelo. Si nos fue mal en el examen, ¿nos vamos a consolar comparándonos con quien no aprobó? No fuimos los primeros en las ventas del mes, pero ¿nos vamos a sentir más felices porque no fuimos los últimos? No ayudamos a nuestro vecino, pero ¿nos sentiremos libres de culpa porque somos como aquel que también miró al otro lado? Compárate con los mejores.

Pero seamos conscientes. Si sentimos envidia o resentimiento cuando vemos el éxito de los demás, entonces, no estamos listos. Si nos regocijamos o nos sentimos superiores a los demás porque lo hicimos mejor, no estamos listos.

> "Si cae tu enemigo, no te alegres; y si tropieza, no
> te regocijes, no sea que el Señor lo vea y lo tome a
> mal".
> *Proverbios 24:17-18*

Si hacemos un autoexamen y descubrimos que no estamos listos, debemos continuar trabajando en desarrollar u obtener más bendiciones, como la humildad, el reconocimiento, el respeto y la aceptación. Sigamos creciendo en bendiciones, para no retrasar nuestro desarrollo personal.

META

SÉPTIMO PRINCIPIO

ENFÓCATE EN LA META

Si leímos hasta aquí, ya deberíamos haber identificado nuestros valores y haber definido las metas que queremos alcanzar. Sabemos, también, como evitar los posibles obstáculos que pudieran surgir en el camino, pero si surgen, conocemos ya algunas formas de evitar que dichos obstáculos nos paralicen. Además, ya debemos tener una muy buena idea de cómo lo harían los expertos. ¿Estamos ya listos para actuar y alcanzar nuestras metas?

Muchas veces perdemos de vista nuestras prioridades. Nos distraemos fácilmente. Por ejemplo, tener un alto nivel de instrucción podría ser uno de nuestros valores, por lo que un diploma universitario debería ser una prioridad. Pero, en lugar de centrarnos en obtener dicho diploma, permitimos que los juegos de computadora, novias o novios, fiestas, aventuras, trabajos y otros intereses interfieran, distrayéndonos de nuestras prioridades. Por supuesto, necesitamos hacer otras cosas y perseguir diferentes intereses. Eso está bien, pero siempre y cuando esos otros intereses estén alineados a nuestros valores y que nos provean de bendiciones; de lo contrario, iremos en la dirección equivocada, desperdiciando nuestro tiempo y, por ende, nuestra vida.

Visión

Enfocarse en la meta requiere primero vernos a nosotros mismos alcanzar esa meta. Tenemos que imaginarlo primero, sin pensar todavía en el tiempo y en otros recursos que se necesitarían; solo imaginarlo. Si no te ves teniendo hijos, es posible que nunca los tengas. Nunca seremos piloto de avión, cantante o predicador si nunca lo imaginamos primero. Visualizamos algo primero. Todo comienza con una idea, una visión o un pensamiento, y la realidad se hace después. Julio Verne (1828-1905) habló sobre ir a la luna en su libro *De la tierra a la Luna* (1865) y de dar la vuelta al mundo en su libro *La Vuelta al Mundo en 80 Días* (1873), en tiempos en que esos tópicos eran una especie de ciencia ficción. Fue solo en mayo de 1927 cuando Charles Lindbergh pudo tomar su avión *El Espíritu de San Luis* y volar al otro lado del Atlántico, en lo que fue el primer vuelo transatlántico del mundo. La serie de televisión llamada *Los Supersónicos*, transmitida durante la década de 1960, ya mostraba llamadas telefónicas con video. ¡Esto fue una realidad comercial solo décadas después! Debemos visualizarnos haciendo o logrando algo para que esto suceda. Pero, ¿cuántas veces hemos dicho, ante una propuesta, "No me veo haciendo eso" o "Simplemente no puedo"? Y esas son declaraciones que agregan peso a nuestras cruces.

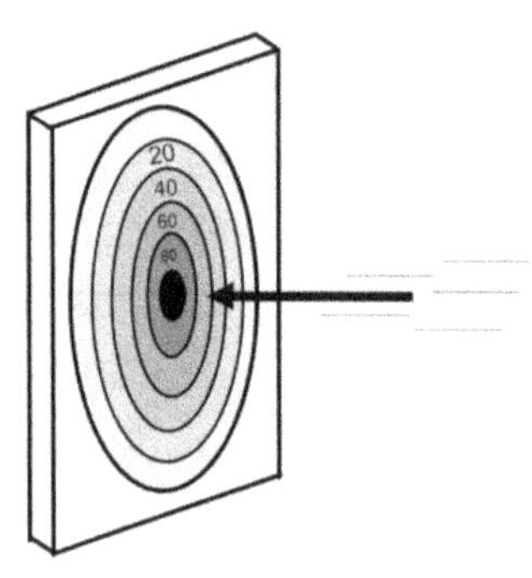

El concepto de tener una visión no es nuevo en absoluto. Las corporaciones e instituciones lo han tenido durante muchos años como parte de su filosofía y cultura. Necesitan ver dónde quieren estar en 5 años, o en 10. Ese es el enfoque, la dirección, una de las metas a alcanzar.

Fija objetivos

Muchas de nuestras metas pueden tener cierta complejidad, y cuando hay una meta compleja, uno de los principales problemas es que esta puede desaparecer del horizonte, ya sea porque hay muchos pasos y acciones para completar, o simplemente porque nos desanimamos al ver lo largo y complejo del trayecto para alcanzar la meta.

Si una meta es demasiado compleja, entonces debemos establecer objetivos intermedios, pero sin perder de vista nuestra meta; la meta debe estar siempre en la mira y nunca debemos desviar nuestros ojos de ella. Intenta dibujar una línea recta entre dos puntos sobre un papel y que estén separados, digamos, 50 cm. Comienza a dibujar desde el primer punto hacia el segundo, pero sin mirar ese segundo punto, y veras cuán "recta" será esa línea.

Al establecer objetivos intermedios, no nos sentiremos abrumados, desorientados o decepcionados, lo que, en cuyo caso, podría desanimarnos a continuar. Si queremos perder 10 kg de peso, ponernos un objetivo de perder 1 kg por semana puede ser razonable. Si queremos tener toda la familia junta para Navidad debemos contactar todos los miembros uno por uno, sin que nadie falte. Reducir la contaminación en nuestro planeta es una meta descomunal y muy compleja, pero si eliminamos el uso de pajitas al tomar gaseosas, o el exceso de empaque al comercializar objetos, estaríamos contribuyendo de alguna manera a la meta.

Parecen pequeños objetivos, pero nos pueden hacer llegar lejos; solo debemos asegurarnos de que todos estén enfocados hacia las metas trazadas.

Ciertamente, establecer y alcanzar objetivos nos hará avanzar y sentir que no estamos estacionados o atascados en la vida. Ahora bien, estos objetivos deben ser no solo significativos sino también desafiantes; en otras palabras, deben requerir un esfuerzo de nuestra parte. Como dice el refrán, "Sin sacrificio no hay beneficio". Si establecemos un objetivo de reducir solo 250 g de peso por semana, es probable que sintamos que no estamos logrando nada. No estamos ganando coraje, resistencia y estoicismo... ¡y tampoco estamos reduciendo de peso!

Y además de desafiantes, por supuesto, debemos tener nuestro compromiso de lograrlos. Para muchos, las resoluciones de año nuevo permanecen así... solo resoluciones. Tenemos que comprometernos a hacer lo que sea necesario para alcanzar los objetivos, hasta lograr la meta final, y eso requiere planificarlo. Cualquier proyecto que decidamos emprender, ya sea para nuestro desarrollo o mejora, requiere un plan, por muy simple que luzca. Por ejemplo, ir al cine necesita un plan. Planeamos qué película, dónde y cuándo verla, y cómo llegar al cine; quizás, también, con quién. Podemos hacer esto inconscientemente, pero ese es un plan.

Los propósitos

Al establecer los objetivos, pudiéramos también definir los propósitos asociados, que son básicamente objetivos a corto plazo. Podemos decidir no comer dulces en las próximas cuatro semanas o llamar a nuestro hermano distanciado una vez cada semana hasta convencerlo celebrar la Navidad juntos. Podemos correr por 30 minutos tres días a la semana; o sonreír a un extraño todos los días. Estos propósitos nos mantienen en la dirección correcta de lograr nuestro objetivo de ser saludables, o tener una familia armoniosa.

Hagamos acciones que agreguen valor

Cuando planifiquemos las acciones que se requieren para alcanzar un objetivo, debemos asegurarnos que sean realmente efectivas, relevantes y contribuyentes a nuestros valores; en otras palabras, que agreguen valor. Y debemos estar alerta. Una acción, aun estando enfocada hacia un objetivo, no tendrá valor si va en contra de otro objetivo, y mucho menos en contra de una meta de nuestra vida. No debemos comprar una cinta para correr que nos ayudará a bajar de peso si eso va a afectar nuestras finanzas, lo que a su vez puede afectar nuestra tranquilidad o paz mental.

Por el contrario, una acción o propósito será de mayor valor si también ayuda a alcanzar otros objetivos y metas. Si valoramos, por ejemplo, un alto nivel de instrucción, tanto como tener amplias oportunidades de trabajo, debemos entonces completar un diploma universitario que incluya aprender un segundo o tercer idioma; ¡u obtengamos dos diplomas!

Para lograr cualquier propósito, objetivo o meta que establezcamos, necesitamos cultivar y desarrollar bendiciones, tales como compromiso, perseverancia, resiliencia y determinación. Todo lo que es impulsado por nuestros valores vale la pena perseguir. Será lo que nos haga crecer, acumular bendiciones, reducir maldiciones y llevar una cruz más ligera a lo largo de nuestro crecimiento personal.

"Delante del hombre inteligente está la sabiduría,
pero el necio mira a cualquier parte".
Proverbios 17:24

OCTAVO PRINCIPIO

¡ACTÚA YA!

Nadie se mueve sin dar un primer paso. Siempre podemos pensar en miles de excusas y en obstáculos en el camino u otras prioridades para no hacer lo que tenemos que hacer. Incluso cuando estamos completamente preparados y conscientemente listos para movernos, podemos comenzar a tener dudas y escuchar voces en nuestra cabeza que dicen que fallaremos; que, tal vez, no vale la pena; o que no estamos realmente preparados. Pues bien, esas voces no provienen de Dios.

Todo tiene su momento, cierto; pero mientras más temprano, mejor. Como dice el refrán: "No dejes para mañana lo que puedes hacer hoy". Y muchas veces no nos movemos con la excusa de que somos "pacientes". Confundimos la paciencia con la procrastinación.

No procrastines

El hombre que procrastina no actuará, incluso estando totalmente listo para actuar. Procrastinar tiene muchas consecuencias que se sumarán a nuestras tribulaciones. Podemos perder un tiempo precioso; nuestra autoestima puede disminuir; nuestras metas se retrasan; y la frustración puede apoderarse de nosotros.

Comenzamos a dudar de nuestra preparación y

disposición, especialmente si es la primera vez que intentamos hacer algo. Habrá, claro está, casos en los que realmente no sabemos si estamos listos o no. Entonces, podríamos hacernos un par de preguntas sencillas que quizás nos ayuden a saber si estamos lo suficientemente listos para comenzar algo:

"¿Necesito más información, conocimiento, recursos o asesoramiento?"

"¿Son las razones para continuar procrastinando excusas torpes o tontas?"

Definitivamente, postergar lo que debemos hacer nos quitará el recurso más preciado que tenemos: nuestro tiempo. Y el tiempo es vida. La mayoría de las personas dan por sentado que tendrán mucho tiempo para vivir y piensan que pueden hacer todo más tarde. De hecho, todos pensamos que tendremos muchos días por delante; días de 24 horas cada uno. Pero suponiendo que los tenemos, ¿aun así no nos damos cuenta de que el tiempo perdido es realmente perdido y que no se puede recuperar y simplemente no podremos tomar, comprar o pedir prestado un segundo más?

Todavía, algunos postergarán hacer muchas cosas que, haciéndolas, los llevarían a una vida llena de bendiciones. En su lugar, hacen cosas que no valen la pena hacer, y sin darse cuenta de que, con el tiempo pasar, sus cuerpos continúan agotándose y su energía minándose; en otras palabras, su vida consumiéndose.

La realidad es que nadie sabe cuánto tiempo nos queda. Pero sea lo que sea, es corto. Se sentirá tan corto al final de la vida que muchos terminarán preguntándose: "¿Qué hice con mi tiempo?", y la respuesta puede no ser satisfactoria.

No pierdas tu tiempo

Perder el tiempo es una maldición, y cuando las personas se den cuenta del tiempo perdido y entiendan que quizás es poco el tiempo que les queda, entrarán en pánico. Esto, alarmantemente, puede traerles otras maldiciones. ¿No nos hemos encontrado alguna vez con personas que están apuradas, y que su nerviosismo las convierte en personas agresivas y groseras, atropellan e insultan a otros, y son impacientes, irritables o alterados?

Entonces, no perdamos el tiempo, ¡actúa ya! Pongámonos a trabajar para obtener bendiciones y crecer en nuestros valores. ¿Encontraremos obstáculos y problemas durante nuestra jornada de crecimiento personal? Sí, por supuesto. Aun teniendo los consejos, la planificación, el conocimiento y los recursos necesarios, siempre existe la posibilidad de que surja algo nuevo, algo que nosotros, o cualquier otra persona, nunca antes haya encontrado o prevenido. Sin embargo, debemos tener la confianza de que realmente podemos enfrentar lo nuevo.

Enfrenta los obstáculos

Hay mucha información disponible sobre técnicas de resolución de problemas que están bien estructuradas y detalladas. Aplicándolas, aumentamos las posibilidades de un resultado exitoso. Con el coraje suficiente para encarar cada problema y técnicas que nos ayuden a abordar y solucionar cualquier obstáculo o atraso que aparezca, no habrá problema que nos frene o nos desanime.

La mayoría de las técnicas para resolver problemas tienen un enfoque muy común y que puede resumirse en los siguientes pasos:

1. Identifica el problema y descríbelo lo mejor que puedas.

2. Investiga las posibles causas raíz y enuméralas en orden de probabilidad de ser las verdaderas causas.

3. Identifica cuales serían las mejores soluciones para la(s) causa(s) raíz determinada(s), e impleméntala(s). Una solución temporal puede ser necesaria mientras tanto.

4. Evalúa si el problema se solucionó. Si persiste, revisa las causas raíz y sus posibles soluciones.

5. Implementa acciones preventivas para evitar que se repitan las causas raíz identificadas.

Por supuesto, cada paso requiere mucha más profundidad de lo que se describe arriba. Por ejemplo, para seleccionar cuál será la solución a implementar, nuestra decisión requerirá considerar la facilidad de implementación, el tiempo que llevará, los recursos que se necesitarán y el costo involucrado en implementarla. La solución debe ser eficaz; el dejarnos llevar solo por la facilidad en implementarla o por su menor costo, podríamos estar cometiendo errores que resultarán, posiblemente, en fracaso. Al menos, corremos el riesgo de malgastar tiempo precioso; o dinero. Recordemos el refrán que dice "Lo barato sale caro".

¡Actúa ya!

Actuemos ya con determinación y diligencia; sin perder tiempo. Comencemos a hacer lo que tenemos que hacer. Ya se trate de reducir nuestro peso; ya sea trayendo de vuelta al hermano distanciado; ya sea obteniendo un alto nivel de instrucción; ya sea ser cada vez más amable.

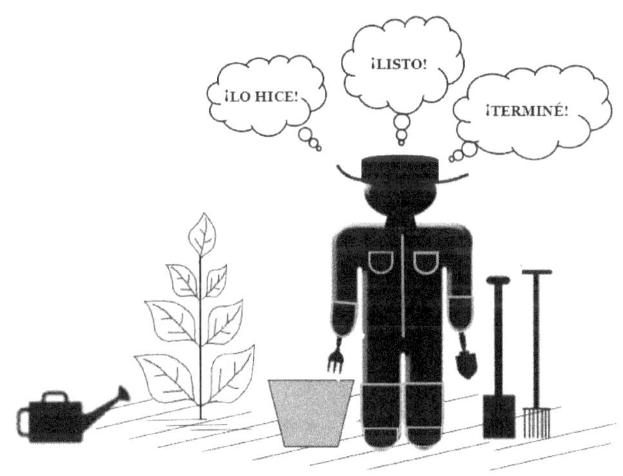

Fe

Por encima de haber recibido muy buenos consejos de los expertos y las personas que nos aman, de haber previsto todos los obstáculos y haber implementado acciones preventivas para evitarlos, e incluso de haber dominado, a la perfección, las técnicas de resolución de problemas, hay una bendición que nos llevará a alcanzar nuestras metas. Una bendición que, aunque haya una brecha, debilidad, inconsistencia, grieta o divergencia en el enfoque o en el proceso, nos garantizará el éxito. Esa bendición es la fe. Tener fe, incluso si es del tamaño de una semilla de mostaza, puede mover montañas.

> "La fe es aferrarse a lo que se espera; es la certeza
> de cosas que no se pueden ver".
> *Hebreos 11:1*

NOVENO PRINCIPIO

IMPACTA POSITIVAMENTE A LOS DEMÁS

Hacer que alguien se sienta amado es probablemente uno de los impactos positivos más importantes que podemos hacer. Jesús dijo que nos amemos los unos a los otros, incluyendo a nuestros enemigos. Es el segundo mandamiento. Lograr eso probablemente requeriría muchas bendiciones y desarrollo espiritual, pero debemos seguir persiguiendo esa meta. Mientras tanto, hay también muchas otras formas en las que podemos impactar significativa y positivamente a los demás, sean extraños o no.

Debemos convencernos de que no hay vida fructífera si no hay impactos positivos en nosotros y en los demás. Cuando impactamos positivamente a alguien, la satisfacción y la recompensa recibida son inconmensurables, aunque muchas veces no nos demos cuenta de inmediato. Y el esfuerzo requerido para eso es, en muchos casos, mínimo. Es así de fácil.

Dar

Para crear un impacto positivo, tenemos que dar. Sentarnos cómodamente en un banco mirando el horizonte no tendrá un gran impacto en los demás. Debemos dar, y no necesariamente cosas materiales. Pero lo que demos, debe ser dado sabiamente. Si incurrimos en derroche, posiblemente no impactemos a nadie y peor aún, habrá impacto negativo en nosotros mismos.

No existe tal cosa como "No necesito nada". Siempre hay algo que alguien necesita, quiere o desea. Puede ser que no necesitemos nada material, pero la vida no se trata solo de lo material. Puede que necesitemos reírnos en algún momento; o hablar con alguien; o sentirnos tranquilos y en paz. Y si somos capaces de satisfacer esa necesidad o deseo de alguien, ya estamos creando un impacto positivo.

Podemos dar recursos que son muy valiosos, como, por ejemplo, nuestro tiempo. El tiempo es limitado y no es renovable; se consume sin pausa, independientemente de si lo usamos bien o no. Por su valor es que debemos darlo sabiamente, sin olvidar que también lo necesitamos para nuestro propio crecimiento personal. Pero una buena parte de nuestro tiempo todavía se puede dar a otros, creando una oportunidad de impactar positivamente. Quizás dar compañía es lo mínimo que muchos estarían dispuestos a dar; pero es algo. ¿Alguna vez has deseado, mientras comías solo en la feria de comida o en el comedor escolar, que alguien estuviera contigo, incluso si es un extraño quien se siente a tu mesa a comer a tu lado?

Sin embargo, el impacto será aún más significativo si lo acompañamos con bendiciones. De esta manera, no solo le brindamos compañía a alguien, sino también podemos brindarle nuestro amor, generosidad, amabilidad, compasión, cuidado, respeto, perdón, arrepentimiento, atención y amistad... y aún puede ser más. Y si la otra persona recibe siquiera una pequeña parte de eso, ya hay un impacto positivo.

Luchando contra un mundo complejo

Ya no estamos en la década de 1960, cuando muchos profesaban paz y amor en un mundo donde los chicos jugaban con canicas en la calle y se necesitaban muchos carteros para repartir cartas. El mundo ahora es mucho más complejo que antes. Esa complejidad hace que nuestro mundo actual sea más desconocido, todo lo cual nos hace ser más cuidadosos, vacilantes y menos confiados para dar algo a los demás, material o inmaterial. Indudablemente, dar es fácil entre cónyuges, hermanos y hermanas, padres e hijos, tíos y sobrinos, amigos y personas cercanas a nosotros. Pero,

> "Si aman a aquellos que los aman, ¿qué mérito
> tienen? Porque hasta los pecadores aman a
> aquellos que los aman. Si hacen el bien a aquellos
> que se lo hacen a ustedes, ¿qué mérito tienen? Eso
> lo hacen también los pecadores".
> *Luke 6:32-33*

Oportunidades de impactar a alguien existen, y muchas, sin duda dentro de cada uno de nuestros círculos circundantes: familia, escuela, trabajo, vida social; es decir, las tenemos prácticamente en frente de nuestras narices. Hay muchos encuentros, contactos y negocios que ocurren en nuestras actividades diarias. Ciertamente, tratamos con muchas personas en muchos aspectos de la vida todos los días. El estudiante aclarará dudas con su maestro y el empleado reportará su trabajo al jefe. El propietario del automóvil negociará con el mecánico del taller, mientras nuestros vecinos se relacionarán entre sí. El hermano mayor reprenderá a la hermana menor, mientras que la ama de casa instruirá al personal de limpieza. El conductor del autobús exigirá silencio a sus pasajeros; y la vendedora explicará los beneficios del producto al cliente potencial. Y en cada encuentro con cualquier persona, podemos crear un impacto positivo, y hasta recíproco, si no fuera porque la desconfianza y el recelo nos ponen una barrera "protectora".

Un impacto bidireccional

El impacto positivo del que estamos hablando puede provenir por diferentes medios y en diferentes formas: educando moralidad y buenas costumbres, mostrando buenos modales, asesorando, enseñando habilidades, desarrollando talentos, instruyendo un tema de interés, compartiendo experiencias, escribiendo un artículo para el boletín de la iglesia, etc. O simplemente ayudando a otros a alcanzar sus metas.

Pero en nuestro complejo mundo, la jerarquía establecida dentro de los círculos que conforman las sociedades, jerarquía que es muy necesaria para poner orden, hace también que las condiciones sean propensas para que cualquier clase de impacto sea predominantemente unidireccional; es decir, proveniente del de mayor jerarquía hacia el de menor jerarquía. Sin embargo, esperemos que no sea un paradigma, porque puede ser recíproco o bidireccional; solo tenemos que esperar la oportunidad. Así, el estudiante puede mostrar al maestro su determinación a aprender; el empleado mostrar al jefe su creatividad; la chica perdonar la ruda actitud del hermano mayor; o el feligrés mostrar al sacerdote su profundo arrepentimiento.

Cuidado con impactar negativamente

El segundo aspecto a considerar es que también podríamos impactar negativamente, pero solo ser conscientes de ello puede ayudarnos a evitarlo. Si estamos molestos o enojados por algo, no lo paguemos con el vecino u otra persona que no tiene nada que ver en el asunto. Si vamos tarde a una cita, no atropellemos a nadie que se cruce en nuestro camino.

El no sonreírle a alguien pudiera pensarse que no tiene ningún impacto, ni positivo ni negativo; pero es negativo, simplemente porque estamos perdiendo la oportunidad de impactar positivamente. Imaginemos que estamos caminando por la acera y alguien viene en dirección opuesta. La persona nos ve, pero nosotros simplemente la ignoramos. ¡Qué diferencia hará si le sonreímos! Además, perdemos la oportunidad de provocar una reacción en cadena.

Una reacción en cadena

El tercer aspecto a tener en cuenta es que muchas veces el impacto que provocamos en alguien, bien sea positivo o negativo, lo podemos transferir a otras personas en cascada, provocando una reacción en cadena. Por ejemplo, si descargamos nuestra frustración en un extraño, eso creará, por supuesto, un impacto negativo en esa persona. Y luego este extraño, descargará su ira en su familia o en otras personas. Es decir, lo que recibió lo regresará ahora de vuelta, recreando el impacto una y otra vez. Imaginemos a la vendedora de la tienda tratando groseramente a su cliente. El cliente se irá sin comprar nada y probablemente entrará a otra tienda en una actitud defensiva; o quizás regresará a su casa de mal humor y gritará a sus hijos sin razón alguna.

Si es al contrario y el cliente trata rudamente a la vendedora, el siguiente cliente será atendido por una vendedora descontenta, que hará su trabajo mal, y que a su vez podrá molestar al gerente de la tienda. Así muchos ejemplos cotidianos. Pero toda esa reacción en cadena también sucede cuando el impacto inicial es positivo. Si le sonreímos a una persona que camina en dirección opuesta a nosotros, él o ella también sonreirá, e incluso puede que mantenga esa sonrisa a la persona que viene detrás. Probemos también un día decirle 'gracias' al cajero del automercado mientras estamos en la fila para pagar.

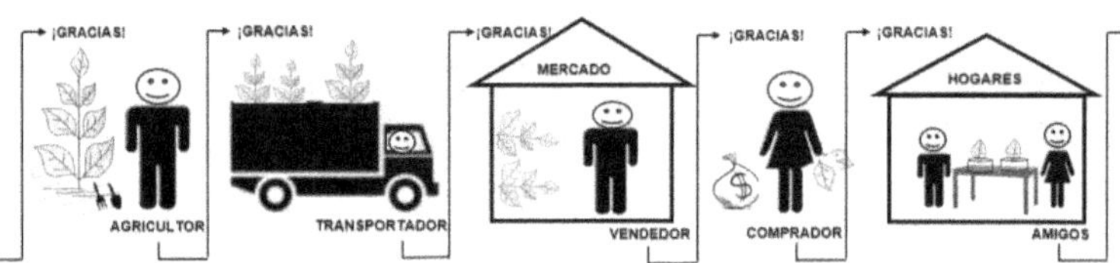

Ofrece ayuda

Ayudar a alguien crea un impacto positivo, definitivamente. Todos lo sabemos. Ahora bien, para ofrecer ayuda, debemos ser proactivos, comprometidos y sinceros, pero esa ayuda se debe ofrecer donde sea necesaria, cuando sea necesaria y, muy importante, cuando se desee. Es por eso que también debemos ser cautelosos. Si la persona no quiere la ayuda, simplemente dejémoslo tranquilo. Es mejor no insistir, ya que la persona puede ponerse a la defensiva y bloquear cualquier posibilidad de causar algún impacto; o, más bien, el impacto causado podría ser negativo, incluso para nosotros. En cambio, cuando la ayuda es deseada será bien recibida, y nosotros nos sentiremos serviciales, útiles, cumplidores y recompensados. Y, todas esas bendiciones que sentimos, podemos también hacerlas sentir a otras personas en forma recíproca, si aceptamos gustosamente la ayuda que alguien nos podría ofrecer cuando la necesitemos.

*"No niegues un beneficio al que lo necesite,
siempre que esté en tus manos hacerlo. No digas a
tu prójimo: 'Vuelve después, mañana te daré', si
tienes con qué ayudarlo".
Proverbios 3:27-28*

Ofrece retroalimentación

La retroalimentación es también una forma muy poderosa de crear un impacto. Al ofrecer retroalimentación a una persona, esta debe transmitirse de manera asertiva, mostrando cuidado y aprecio por esa persona, además de un interés genuino y sincero por ayudarla.

Hay momentos en los que necesitamos dar una retroalimentación susceptible o delicada, por ejemplo, cuando necesitamos resaltar una mala acción o fechoría a un amigo, compañero de clase o colega. Para eso, podemos comenzar con algo positivo sobre esa persona, luego explicar la mala conducta y finalizar la retroalimentación con otro comentario positivo sobre ella. Este proceso se conoce como "Azúcar – Sal – Azúcar". Podemos o no conocer las causas del mal comportamiento, pero sí saber, probablemente, las consecuencias si tal actitud o comportamiento persistiera, y es importante destacar esas consecuencias con asertividad. La asertividad debe usarse para ayudar y no acusar, ya que la persona podría sentirse culpada o victimizada, lo que podría hacer que rechace nuestra retroalimentación y, por lo tanto, la ayuda.

Pequeñas buenas acciones tienen un impacto positivo

Las acciones pequeñas también pueden tener un impacto enormemente positivo en la gente. Esas buenas acciones "pequeñas" son acciones que nos gustaría ver que otros hicieran por nosotros en la cotidianidad de la vida. Y tenemos incontables oportunidades de hacerlas.

Por ejemplo, podemos ayudar a alguien a cargar cosas pesadas; o compartir nuestra sombrilla o paraguas con otros en un día soleado o lluvioso. Si viajamos en transporte público, podemos ceder nuestro asiento; o permitir a las personas que salgan del bus o del tren antes de nosotros proceder a abordarlo. Si estamos manejando nuestro vehículo, podemos dar paso, cortésmente, a los demás. Al observar a un turista, o alguien desorientado, podemos ofrecer darle instrucciones para que llegue a su destino.

> "Hagan por los demás lo que quieren que los
> hombres hagan por ustedes".
> *Lucas 6:31*

Podríamos ofrecer pagar la tarifa del autobús a alguien que tiene dificultad en encontrar suficientes monedas; y podríamos mantener la puerta abierta a los demás que también están entrando al edificio u oficina. En las ferias de comida, podríamos devolver, después de almorzar, nuestra bandeja al sitio de recolección.

Si hacemos esto, veremos inmediatamente cómo muchas otras personas harán lo mismo. La acción o acciones se convierten en una cascada de bendiciones... en una reacción en cadena de buenos pensamientos, sentimientos, deseos, actitudes y comportamientos que fluirán en y hacia todos los que nos rodean.

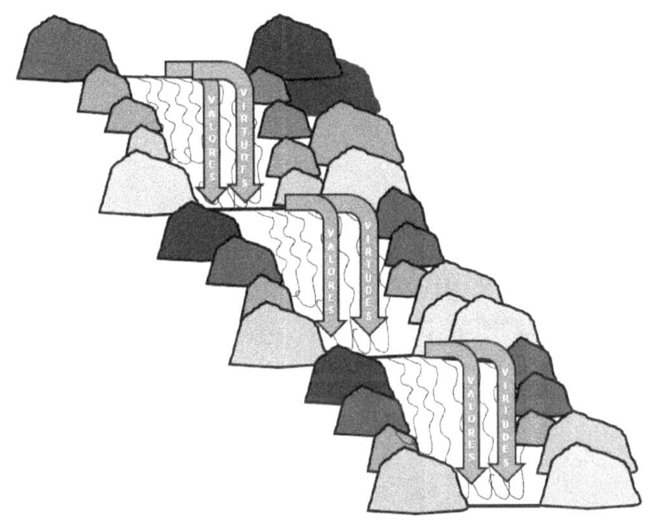

El buen modelaje tiene un impacto positivo

Tampoco necesitamos hablar mucho para transmitir un mensaje constructivo. Podemos crear un impacto positivo al mostrar buenos modales y prácticas con nuestras propias acciones y conductas; esto es, modelando. Mostramos buenos modales diciendo "gracias" y "por favor"; cuando comemos sin hacer ruido con la boca; y cuando caminamos sin arrastrar nuestros pies. Mostramos bendiciones cuando recogemos basura de la acera; o cuando hablamos en voz baja mientras estamos en el tren; y al decir "buenos días" a las personas que ya están dentro del ascensor al momento de nosotros entrar; o siendo puntual a nuestra reunión de trabajo. Mal modelaje también se muestra, escupiendo en público o usando malas palabras cuando conversamos con alguien, por ejemplo.

Qué maravilloso será llegar a la vejez y darnos cuenta de que hemos enseñado a otras personas cosas buenas, que las hemos impactado positivamente y que hemos contribuido a una sociedad mejor. Todos estamos llamados, ciertamente, a vivir una vida fructífera y dejar un legado digno a las generaciones que nos sigan.

"Cada generación celebra tus acciones y les
anuncia a las otras tus portentos. Ellas publican
tus tremendos prodigios y narran tus grandes
proezas".
Salmo 145:4

DÉCIMO PRINCIPIO

REVÍSATE CONSTANTEMENTE

Existen tantas cosas que podríamos hacer en una semana, en un mes, en un año o en toda nuestra vida que nos ocuparían todo nuestro tiempo, pero si no nos detenemos en algún momento a revisar lo que le hemos adherido a nuestras cruces, no sabremos si estamos viviendo, o habremos vivido hasta hoy, una vida fructífera llena de bendiciones.

> "¡Examinemos a fondo nuestra conducta y
> volvamos al Señor!"
> *Lamentaciones 3:40*

Debemos, en algún momento, hacer la evaluación personal de nuestros pensamientos, sentimientos, deseos, actitudes y comportamientos. Es un examen de conciencia, o simplemente autoexamen para abreviar. La frecuencia dependerá de cada persona, pero será nunca si no somos conscientes de que tenemos una conciencia que necesita ser examinada. Nuestro autoexamen debería decirnos cómo y cuánto hemos progresado durante nuestra jornada de crecimiento personal; y si estamos en la dirección correcta.

Para hacer nuestra vida más fructífera, debemos internalizar todas las bendiciones acumuladas hasta hoy, de manera que nuestra integridad se consolide con el paso del tiempo. Una vez internalizadas, toda nuestra bondad se derramará desde adentro hacia afuera. Y el haber acumulado bendiciones, significa que no hemos dejado lugar para maldiciones. De esta manera, estaremos impidiendo cometer y tolerar muchos errores y, en consecuencia, reduciendo el número de fracasos.

Sin embargo, cometer errores no significa que no progresemos. De lo contrario, la persona que no comete errores es porque no se mueve; y no moverse es un error en sí mismo. Todo el mundo comete errores y aun así se progresa y se aprende, bien sea rápida o lentamente.

Midamos

Medimos para hacerle seguimiento a las cosas que hacemos o que nos importan, y medir es una tarea muy fácil de hacer en el mundo tangible; ¡a veces tan fácil como mirar el reloj! Medimos cuánto pesamos, la distancia que caminamos o corremos, y tantas cosas más. El alumno puede medir en cuánto tiempo terminó su examen; la vendedora cuántas piezas de ropa vendió; el maestro cuantos estudiantes aprobaron su materia; el sacerdote cuántos feligreses asistieron a su misa; el gerente de suministros de material si se mantuvo dentro del presupuesto; etc. Y cuando medimos nuevamente a la siguiente semana, mes o año, podemos determinar cuánto hemos progresado en cada una de esas cosas. Pero el progreso será exitoso si cumple con los objetivos establecidos y con sus requisitos de tiempo, presupuesto, utilización de recursos, etc.

Hacer las cosas bien la primera vez

Tomemos más tiempo del estipulado, o usemos más recursos de los considerados inicialmente, o tengamos que repetir un trabajo, y estaremos agregando tribulaciones y aumentando el peso de nuestras cruces. Debemos hacer todo lo posible para completar cualquier tarea o trabajo correctamente y a la primera vez que intentemos hacerlo. Lograrlo de esa manera ya tiene un impacto positivo, no solo en nosotros mismos, sino también en todos los involucrados.

¿Es posible medir bendiciones y maldiciones?

Recordemos que los comportamientos son reflejos de nuestros pensamientos, sentimientos, deseos y actitudes. Si una persona nos disgusta, es posible que terminemos comportándonos groseramente con ella. Luego, podemos medir cuántos son los momentos en que nos comportamos de manera grosera, irrespetuosa o agresiva contra esta persona. Los pensamientos y sentimientos negativos, como la soberbia, la envidia, el orgullo o la lujuria, quizás, sean mucho más difícil de medir. Pero, en muchos casos, notaremos que producen dolor en nuestros corazones, que nos ponemos irritables, o nos apartamos de ciertas personas; ciertamente, nuestras respuestas cardiovasculares se ven afectadas y seguramente, con un poco de madurez, pudiésemos ser capaces de "medir" número o duración de esos eventos.

¿Todavía hay alguien a quien no queremos perdonar? ¿Hay sentimientos de envidia, resentimiento, venganza u odio contra alguien? ¿Estoy mintiendo más? ¿Hay momentos en que insulto a mis amigos o extraños? ¿Estamos sintiendo angustia o ansiedad más a menudo? ¿O impaciente, pesimista, rechazado, no apreciado?

Antes dijimos que, al llenar nuestra mente y tiempo con bendiciones, no estamos dejando lugar o espacio para maldiciones. Si descubrimos durante nuestro autoexamen que todavía tenemos pensamientos y sentimientos malvados, es decir, maldiciones, significa entonces que todavía tenemos trabajo por hacer. Quizás nuestro progreso en bendiciones está un poco lento.

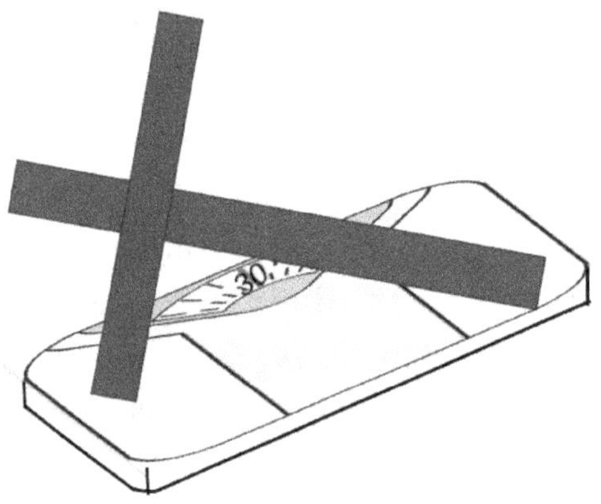

Midamos, pues, también las bendiciones. ¿Cuántos abrazos he dado hoy a amigos y extraños? ¿Estos van aumentando o disminuyendo en comparación con la semana pasada? ¿Le he dado a instituciones de caridad más en los últimos 12 meses que en los 12 anteriores? ¿Estoy pasando más tiempo ahora con mis padres o hermanos que antes? ¿Le he sonreído al menos a dos personas hoy? ¿Estoy ahora más preparado para hacer una pequeña acción de bondad o voluntariado? ¿Cuántas veces leí la Biblia esta semana en comparación con la semana pasada?

Claro está, medir las bendiciones o maldiciones, a este nivel, puede no ser práctico para algunos; pero el punto a destacar aquí es que debemos realizar el autoexamen regularmente. Al menos, podríamos preguntarnos hoy si nos sentimos internamente más relajados, en paz, centrados y felices que antes; si es así, eso es una señal de progreso. Y saber que hemos progresado, ciertamente nos animará a continuar.

Rechaza los vicios

Al hacer nuestro autoexamen, otro aspecto a revisar son los vicios... Una gran maldición. Los vicios destruyen nuestro cuerpo, mente y alma. Los vicios pueden traer otras maldiciones; podemos terminar engañando, robando, mintiendo, perjudicando... o peor. Los vicios nos hacen adictos y las adicciones nos hacen esclavos.

Hace décadas, era normal ver comerciales de televisión sobre cigarrillos y bebidas alcohólicas. Afortunadamente, muchos gobiernos se han dado cuenta de los altos costos en los que se incurre para tratar y curar a las personas que se enferman debido a estos vicios, por lo que han implementado leyes que controlan y restringen su consumo. Pero la era de Internet ha abierto, o ha hecho más accesible, otros vicios como el juego, las apuestas, la pornografía y los negocios oscuros y clandestinos. Y todo comienza con alguien, un "amigo", que nos ofrece un cigarrillo, una droga o nos introduce al juego para caer en el vicio.

No es que esos vicios no existieran antes, pero Internet los ha hecho más fáciles de acceder. Eso, junto con la influencia del mal, hace que la gente caiga, y caer en el vicio es convertirse en un prisionero; a veces, de por vida.

Pero con integridad, podemos decir 'no' a los vicios, sólida y firmemente. Dios nos hizo para ser libres. Tenemos la opción de escoger entre la bendición y la maldición.

"Esta es la libertad que nos ha dado Cristo.
Manténganse firmes para no caer de nuevo bajo el
yugo de la esclavitud".
Gálatas 5:1

Practica lo que predicas

La integridad es tener todos nuestros pensamientos, sentimientos, deseos, actitudes y comportamientos alineados, y a la vez impulsados por valores sólidos e indoblegables, como ya hemos dicho. Pero, durante nuestra jornada de crecimiento personal, cuando estamos justamente desarrollándonos y madurando, a veces no es así. Los comportamientos no están en línea con los deseos, y estos no están en línea con los pensamientos. Aquí es donde nuestra integridad se ve comprometida y nuestro comportamiento se vuelve inconsistente. Ser inconsistente, incluso si al final terminamos comportándonos correctamente, nos pone en una posición vulnerable, y podríamos terminar comportándonos mal la próxima vez.

'Estamos conduciendo y vemos que la luz del semáforo está cambiando a roja. Pensamos seguir y cruzarla de todas maneras, pero al final detenemos el auto a tiempo'. 'Nos encontramos con una persona insolente y grosera quien nos enoja. Nos provoca insultarla, pero al final nos controlamos'. 'Pensamos mentirles a nuestros padres sobre el examen de matemática que reprobamos, pero al final les decimos la verdad'. Así hay muchos ejemplos, cuando nuestros pensamientos no eran correctos, pero terminamos haciendo lo correcto.

'Nos cruza por la mente darle $20 al mendigo, pero le damos solo $1'. 'Deseamos estar más cerca de Dios, pero nunca vamos a la iglesia'. 'Pensamos pasar el fin de semana con nuestros padres, pero al final decidimos pasarlo en casa'. Muchos ejemplos podemos listar en los que nuestros pensamientos son correctos, pero terminamos haciendo lo incorrecto.

> "Pretenden conocer a Dios, pero lo niegan con su
> modo de actuar; son seres rebeldes, vulgares, y no
> sirven para ninguna obra buena".
> *Tito 1:16*

Todos los ejemplos anteriores muestran la falta de alineación entre nuestros pensamientos o deseos y nuestro comportamiento. Eso es inconsistencia y afecta nuestra integridad.

Cuanto más alineados estén los comportamientos con los pensamientos, siempre que sean justos, rectos y de superioridad moral, más bendiciones se irán acumulando durante nuestro crecimiento personal. Una vez que los alineemos, las bendiciones formarán parte de nuestra propia naturaleza y carácter, haciendo que aparezcan de forma natural y espontánea. Si durante nuestro autoexamen concluimos que nuestros comportamientos no están en línea con nuestros pensamientos, debemos ser lo suficientemente honestos para reconocerlo y comprometernos a continuar trabajando en eso; de lo contrario nos estamos engañando a nosotros mismos.

> "Porque el Señor da sabiduría y de su boca
> proceden la ciencia y la inteligencia. Él reserva su
> auxilio para los hombres rectos y es un escudo
> para los que caminan en integridad".
> *Proverbios 2: 6-7*

Tenemos y debemos caminar en integridad. Esa es nuestra responsabilidad.

Nuestra responsabilidad

Somos puramente responsables de nuestros pensamientos y acciones, pero a veces no aceptamos esa responsabilidad o simplemente nos negamos a verla. Culpamos a alguien, o algo, por los resultados derivados de nuestras propias decisiones y acciones; incluso, nos atrevemos a justificarlas, a veces hipócritamente. 'No cruzamos la luz roja porque tememos ser multados; no porque seamos buenos ciudadanos que respetamos las regulaciones y el derecho de paso de los demás'. 'Nunca le damos más de $1 al mendigo porque desconfiamos sobre lo que haría con el dinero; y no por nuestra falta de generosidad'. 'Culpamos la falta de tiempo para no ir a la iglesia, cuando es simplemente por falta de compromiso... o de fe'. 'No mentimos a nuestros padres porque al final el castigo será mayor si se enteran de la mentira; y no porque deberíamos obedecerlos y respetarlos'. Por supuesto, las razones varían mucho.

Cada uno de nosotros puede tener una razón diferente para comportarse de una manera u otra, movido por la forma en que pensamos individualmente, pero depende de cada uno de nosotros hacer el examen de conciencia y decidir si nos comprometemos a trabajar en nuestra integridad. Es nuestra responsabilidad; y debemos aceptar que, en muchos casos, nuestras tribulaciones se derivan sencillamente de nuestra falta de involucramiento cuando debemos hacer algo, dejando que alguien más lo haga y así tener a quien culpar después.

Involúcrate

El propósito del autoexamen es mejorar, actuar justamente, usar los recursos sabiamente y evaluar si hemos creado un impacto positivo en nosotros mismos y en los demás. Nos permitirá corregir el camino según sea necesario. Debido a que el tiempo es realmente limitado y no sabemos cuánto nos queda, tenemos que involucrarnos en cada acción que hacemos, pura, consciente y sinceramente. Debemos comprometernos a eso y hacerlo de acuerdo con nuestros valores y a usar nuestras bendiciones en todo momento.

Necesitamos vivir y hacer nuestras cosas, con el compromiso de comportarnos con integridad. Nunca debemos dormirnos en los laureles. Eso es ser conformista, y el conformista no crece. El conformista está básicamente atrapado en su jornada, y al final de sus días, después de haber perdido su tiempo, lo lamentará. Habrá vivido una vida improductiva e infructuosa, quizás repleta de maldiciones.

Estamos llamados a actuar y repartir bendiciones. Dios nos ha dado el potencial. Solo necesitamos aprovecharlo e involucrarnos y saltar a la vida para hacer lo que tenemos que hacer. Con valores indoblegables, bendiciones sólidas y fe en que Dios nos mantendrá en el camino correcto, tendremos una larga y fructífera jornada de crecimiento personal.

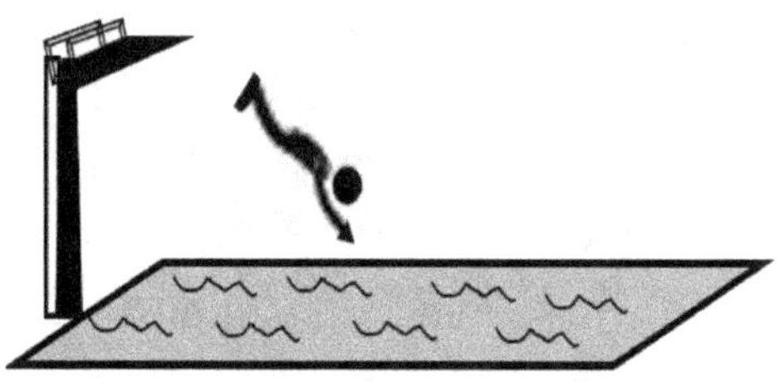

"Yavé te colmará de toda clase de bienes, multiplicando el fruto de tu vientre, el fruto de tus ganados y el fruto de tu tierra, la cual Yavé prometió con juramento a tus padres que te daría. Yavé abrirá para ti los cielos, su rico tesoro, para dar a su tiempo la lluvia que necesiten tus campos, y para mandar la bendición sobre todo cuanto emprendas. Tú prestarás a naciones numerosas y no pedirás prestado a ninguna".
Deuteronomio 28: 11-12

"Escuchen, hijos, la instrucción de un padre,
presten atención para poder comprender: lo que
yo les doy as una sana doctrina, no abandonen mi
esperanza". Porque te he dado buenos principios;
¡no descartes mi enseñanza!"

Proverbios 4: 1-2

NOTAS

NOTAS

NOTAS

www.ingramcontent.com/pod-product-compliance
Lightning Source LLC
Chambersburg PA
CBHW070539160726
48003CB00004B/1819